mañana

2

Libro del Alumno

Isabel López Barberá
M.ª Paz Bartolomé Alonso
Pilar Alzugaray Zaragüeta
Ana Isabel Blanco Gadañón

Diseño del proyecto: Equipo didáctico de AnayaELE
Programación didáctica: Milagros Bodas, Sonia de Pedro

Redacción: Isabel López Barberá
          M.ª Paz Bartolomé Alonso
          Pilar Alzugaray Zaragüeta
          Ana Isabel Blanco Gadañón

Depósito legal: S-873-2003
ISBN: 84-667-2632-2
Printed in Spain
Imprime: Gráficas Varona. Polígono "El Montalvo", parcela 49. Salamanca

Equipo editorial
          Coordinación y edición: Milagros Bodas, Sonia de Pedro
          Equipo técnico: Javier Cuéllar, Laura Llarena
          Ilustración: El Gancho (Tomás Hijo, José Zazo y Alberto Pieruz)
          Diseño de cubiertas e interiores: M. Á. Pacheco, J. Serrano
          Maquetación: Ángel Guerrero
          Corrección: Consuelo Delgado, Carolina Frías
          Edición gráfica: Nuria González

Fotografías: Archivo Anaya (Boe, O.; Chamero, J.; Grande, J. L. G.; Leiva, Á.; Lezama, D.; Marín, E.; Ortega, Á.; Quintas, D.; Ramón, P-Fototeca de España; Rossi, J.; Ruiz, J. B.; Sanz, C.; 6x6 Producción Fotográfica; Steel, M.; Vázquez, A.; Zafra, J. C.; Zuazo, A. H.)

PRESENTACIÓN

Mañana es un curso de español en cuatro niveles dirigido a preadolescentes / adolescentes. Se ha diseñado una programación que contempla las necesidades de los profesores y las peculiaridades de los alumnos.

Cada nivel del método se compone de Libro del Alumno, Cuaderno de Ejercicios, Guía del Profesor y Audiciones en CD Audio.

El objetivo de este segundo nivel es que los alumnos aprendan a desenvolverse en nuevas situaciones comunicativas ampliando su vocabulario y practicando con más estructuras sintácticas.

El Libro del Alumno está compuesto de Cuadro de programación, ocho lecciones, Apéndice gramatical, Transcripciones y Glosario traducido al inglés, francés, alemán e italiano.

Cada lección consta de **Presentación,** que incluye título, objetivos de la lección y una gran ilustración, a modo de introducción; **Para empezar,** destinada a la compresión oral; **A trabajar,** donde se practican la gramática y el léxico; **Fíjate bien,** sección diseñada para trabajar la ortografía y la fonética; **Tu lectura,** destinada a trabajar la comprensión lectora a través de textos divulgativos; **Ahora habla,** para practicar la expresión oral; **Ahora tú,** con actividades para repasar los contenidos fundamentales de la lección; **Un poco de todo,** sección lúdica, y **Para terminar,** destinada a la revisión de lo estudiado en la lección.

Existen fichas con información gramatical y funcional llamadas *¿Sabes?,* que en muchos casos incluyen una referencia al Apéndice gramatical.

CUADRO DE PROGRAMACIÓN

Lección	Funciones
1. CUANDO YO ERA PEQUEÑO	– Describir personas, lugares y objetos del pasado. – Expresar acciones habituales en el pasado. – Comparar situaciones en el pasado y en el presente.
2. ¿QUÉ HA PASADO HOY EN EL BARRIO?	– Contar un suceso reciente o relacionado con el presente. – Reaccionar ante un relato.
3. CUÉNTANOS TU VIDA	– Contar un suceso del pasado lejano o no relacionado con el presente. – Hablar de la vida de alguien. Biografías. – Narrar hechos históricos.
4. ¿QUIÉN ES EL SOSPECHOSO?	– Relacionar hechos del pasado. – Expresar causa y consecuencia. – Expresar acciones durativas en pasado.
5. MAÑANA SERÁ OTRO DÍA	– Expresar planes y proyectos. – Expresar probabilidad en el futuro, presente y pasado.
6. ESTAMOS VIENDO FÚTBOL	– Hablar de acciones anteriores a otras en el pasado. – Expresar acciones durativas en pasado. – Hablar del tiempo transcurrido.
7. ¿SE PUEDE IR SIN CINTURÓN?	– Solicitar y hacer un favor. – Pedir y dar permiso. – Dar instrucciones, recomendaciones y consejos. – Expresar prohibición.
8. ¿POR QUÉ NO VAMOS AL CINE?	– Proponer, aceptar y rechazar un plan. – Fijar una cita. – Expresar gustos, deseos y sentimientos.

Gramática	Léxico	Ortografía y fonética
– Pretérito Imperfecto de Indicativo. – Marcadores de frecuencia.	– Juegos y mascotas. – Animales.	– Adverbios en -*mente*. – Sílabas tónicas y átonas.
– Pretérito Perfecto Compuesto. – Pronombres personales de Complemento Directo.	– La ciudad: cosas y lugares; expresiones de ubicación. – Marcadores de Pretérito Perfecto Compuesto.	– Las mayúsculas. – El punto.
– Pretérito Perfecto Simple. – Expresiones de Pretérito Perfecto Simple. – Verbos de cambio. – Pronombres personales de Complemento Indirecto.	– Verbos para hablar de la vida de alguien. – Expresiones temporales propias del Pretérito Perfecto Simple.	– Palabras agudas.
– Contraste entre Pretérito Imperfecto, Pretérito Perfecto Compuesto y Pretérito Perfecto Simple. – *Estuve* + Gerundio. – Conjunciones causales y consecutivas. – El pronombre relativo *que*.	– Términos relacionados con el misterio y el suspense.	– Palabras graves.
– Futuro simple. – *Pensar, querer, ir a* + Infinitivo. – Futuro compuesto. – *Deber de* + Infinitivo. – *A lo mejor, quizá(s)*. – *Seguramente, probablemente, posiblemente*.	– Viajes. – Medios de transporte.	– Palabras con igual pronunciación y escritura diferente. – La diéresis.
– Pretérito Pluscuamperfecto de Indicativo. – *Estaba* + Gerundio. – *Llevar* + Gerundio. – *Desde / desde hace / hace... que*.	– Deportes.	– La *b* y la *v*. – La *h* y la *ch*.
– El Imperativo afirmativo y negativo. – Imperativo + pronombres átonos de Complemento Directo e Indirecto. – *Se* impersonal. – *Para* + Infinitivo.	– Vida social.	– Palabras esdrújulas.
– Oraciones subordinadas sustantivas (*que* + Subjuntivo). – Condicional Simple.	– El cine: géneros cinematográficos. – Otros espectáculos.	– Acentuación (repaso). – *s /z*.

1 CUANDO YO ERA PEQUEÑO

Describir el pasado: Pretérito Imperfecto de Indicativo. Expresiones de frecuencia. Adverbios en *-mente*. Sílabas tónicas. Juegos y mascotas.

1 Mira el dibujo y escribe en cada casilla la palabra correspondiente. Fíjate en el vocabulario

2 Escribe otras palabras relacionadas con la infancia (juegos, comidas, objetos). Pide ayuda a tu profesor.

....

....

Vocabulario

tobogán
comba
muñeca
columpio
cuento
parque
oso de peluche
puzle
monopatín

PARA EMPEZAR

🎧 **3** **Escucha lo que cuenta Roberto.**

Cuando yo era pequeño, mi padre y yo íbamos de vez en cuando al parque, y allí jugaba en los columpios con los otros niños. De tanto en tanto llevaba también mi bicicleta, que era azul.

Paseábamos a Sebastián, mi perro, y cuando llovía ponía un paraguas encima de él… ¡pero me mojaba yo, claro!

Me gustaba hacer puzles, pero generalmente tenía problemas con ellos. ¡Mis padres compraban unos puzles muy difíciles!

También, algunas veces cogía el monopatín de mi hermano y saltaba por las montañas pequeñas del parque. Cada dos por tres me caía y luego mi padre decía: "¡El próximo día no traemos el monopatín! ¡Es demasiado peligroso para un niño tan pequeño como tú!".

El pobre Sebastián iba a todos los lugares conmigo, y cuando me caía… entonces él empezaba a llorar.

De pequeño tenía una habitación grande y luminosa, con muchos juguetes. Allí solía dormir mi perro, que a veces se escondía debajo de mi cama. Me gustaba dormir con la luz encendida. Mi madre solía arroparme por las noches y entonces me leía un cuento.

4 **Escucha de nuevo y elige la opción correcta.**

1 De pequeño Roberto iba…

a) al parque con su padre ☐

b) a la piscina con su hermano ☐

c) al cine con Sebastián ☐

2 Roberto se caía del monopatín…

a) algunas veces ☐

b) de Pascuas a Ramos ☐

c) cada dos por tres ☐

3 El perro de Roberto…

a) nunca dormía con él ☐

b) solía esconderse debajo de la cama ☐

c) nunca lloraba ☐

4 A Roberto le gustaban los puzles y…

a) eran muy fáciles ☐

b) generalmente tenía problemas ☐

c) algunas veces tenía problemas ☐

Ahora, lee el texto anterior.

=
Érase una vez / Había una vez.
De pequeño.
De mayor.
De vez en cuando.
De tanto en tanto.
Generalmente.
Algunas veces.
Cada dos por tres.

A TRABAJAR

léxico / gramática

5 Completa el texto con el pretérito imperfecto.

Cuando yo .... *(ser)* pequeño, ... *(dormir)* con mi perro.

De pequeño, mi padre me .... *(esperar)* a la puerta del colegio. Cuando yo .... *(salir)*, me .... *(ayudar)* con la mochila. Antes de ir a casa, mi padre me .... *(llevar)* a una heladería y .... *(nosotros, tomar)* un helado de chocolate, mi sabor preferido.

Mis amigos y yo .... *(jugar)* en el parque todas las tardes. .... *(nosotros, correr)* y .... *(esconderse)* detrás de los árboles. Después .... *(yo, volver)* a casa, ... *(yo, ducharse)*, ... *(yo, hacer)* los deberes y .... *(yo, leer)* un cuento antes de acostarme.

> *¿Sabes?*
> Jugar – jugaba
> Tener – tenía
> Vivir – vivía
> Haber: había (solo en singular para indicar existencia)
> *Había muchos niños en la piscina.*
>
> **Ref. pág. 86**
>
> G

6 ¿Con qué frecuencia hacías estas cosas de pequeño? Utiliza estas expresiones.

1. acostarse temprano
2. jugar en los columpios
3. hacer la cama
4. ver dibujos animados
5. jugar al fútbol / baloncesto
6. tomar un helado

Ej.: *De pequeño, mi madre me peinaba algunas veces.*

- 2 / 3 / 4 veces al día	- de higos a brevas
- siempre	- algunas veces
- de vez en cuando	- a menudo = con frecuencia

....
....
....
....
....
....

7 En parejas. Observa las fotos y escribe en qué ha cambiado María.

Ej.: *Antes María sonreía. Ahora es más seria.*

Alumno A

Antes

....
....
....
....
....

Alumno B

Ahora

....
....
....
....

8 Cuando entró el profesor, ¿qué hacían los niños?

....
....
....
....
....

Cuenta cómo era tu clase cuando tenías seis años.
Describe a tu profesor, a tus compañeros,
lo que hacías en el recreo, etc.

9 En cada frase aparece el nombre de un animal. Relaciónalo con su fotografía.

a b c d

¿Sabes?

El Pretérito Imperfecto sirve para:
a) Describir hábitos en el pasado.
   Mi padre siempre me llevaba al parque.
b) Describir objetos, lugares y personas
   en el pasado.
   Mi madre era morena y alta.
   Mi barrio tenía muchos árboles.

Ref. pág. 86

1. Mi peluche favorito era un mono.
2. De pequeño, yo tenía peces de colores.
3. El arara de mi abuela se llamaba Joselito.
4. Cuando era pequeño solía jugar con un patito en la bañera.

10 Estos eran los juguetes favoritos de Roberto y Mila. Adivina cuáles son.
¿Conoces todos los nombres?

1. Mi juguete favorito era rojo, descapotable
   y tenía cuatro ruedas: ....

2. A mí me gustaba jugar con unas pequeñas bolitas
   de cristal. Tenían colores diferentes:
   ....

3. Cuando yo tenía siete años solía jugar con una
   cuerda y saltar con ella: ....

¿Sabes?

La edad, en pasado,
siempre se dice en
Pretérito Imperfecto.

4. Mi juguete preferido era un objeto redondo que
   sube y baja con una cuerda: ....

11 Describe oralmente a tu compañero tu juguete favorito cuando eras
pequeño. Él tiene que adivinar de qué se trata.

FÍJATE BIEN

12 **Forma el adverbio de estos adjetivos.**

1. común ……………………………………

2. mental ……………………………………

3. suficiente ……………………………………

4. fácil ……………………………………

5. estupendo ……………………………………

6. tranquilo ……………………………………

7. verdadero ……………………………………

¿*Sabes?*

Último	Últimamente
Rápido	Rápidamente
Lento	Lentamente
Frecuente	Frecuentemente
Normal	Normalmente

Si el adjetivo lleva tilde, se mantiene al formar el adverbio.

¿Qué pasa en los tres últimos casos? Consulta la ficha ¿*Sabes?*

……………………………………………………………………………………

13 **Divide en sílabas las palabras siguientes.**

chupete	……………………………	cantábamos	……………………………
tobogán	……………………………	cristal	……………………………
pelota	……………………………	saltador	……………………………
monopatín	……………………………	bruja	……………………………
normalmente	……………………………	gato	……………………………
plátano	……………………………	balón	……………………………
comba	……………………………	español	……………………………
fútbol	……………………………	érase	……………………………
íbamos	……………………………	camello	……………………………
águila	……………………………	delfín	……………………………

Ref. pág. 91

G

14 **Ahora escucha y clasifica las palabras según la sílaba tónica.**

○ ● ○ ○	○ ○ ● ○	○ ○ ○ ●

¿*Sabes?*

Sílaba tónica es aquella sobre la que recae el acento de intensidad.

TU LECTURA

15 Cuando era pequeño, mi madre me contaba siempre este cuento. Léelo.

PEDRO Y EL LOBO

Había una vez un pastor que cuidaba de sus ovejas. Se divertía gritando: ¡Que viene el lobo! ¡Que viene el lobo! Los cazadores del pueblo iban entonces a ayudarle para matar al lobo. Cuando llegaban, Pedro los esperaba riéndose porque todo era mentira. Los cazadores se enfadaban una y otra vez. Un día vino el lobo de verdad y Pedro gritó asustado: ¡Que viene el lobo! ¡Que viene el lobo! Pero ya nadie le creía ni iba a ayudarle...

Escribe un final para este cuento.

....

....

16 Señala verdadero o falso.

VERDADERO   FALSO

1. A Pedro le gustaba gritar: ¡Que viene el lobo!   ☐ ☐
2. Los cazadores creían que Pedro tenía problemas.   ☐ ☐
3. Pedro engañó a los cazadores una vez.   ☐ ☐

17 Relaciona las columnas.

Pedro cuidaba de   vino de verdad

Los cazadores   sus ovejas

Un día el lobo   siempre le ayudaban

AHORA HABLA
expresión oral

18 Después de leer el cuento de *Pedro* y *el lobo*, di:

    1. ¿Qué moraleja sacas del cuento?

    2. ¿Qué opinas del comportamiento de Pedro?

    3. ¿Crees que se merece lo que le pasa al final del cuento?

    4. ¿Te gustan los lobos? ¿Conoces algún otro lobo que aparezca en otro cuento?

    5. ¿Qué animales hay en tu país que crees que no hay en España?

19 Observad los dos dibujos. Decid qué cosas han cambiado. Utilizad *antes* y *ahora*.

FÍJATE BIEN
ortografía / fonética: sílabas tónicas

20 Escucha y copia. Después, subraya la sílaba tónica de cada palabra.

....

....

....

....

....

12 doce

AHORA TÚ
práctica global

21 El profesor os repartirá una ficha a cada grupo. Haced preguntas como estas para averiguar de qué juego se trata.

¿Se juega con una pelota?

¿Es individual?

¿Es en parejas o en grupos?

¿Te mueves o estás sentado?

¿Cuántos jugadores componen el equipo?

22 Pregunta a tu compañero qué cosas le gustaba hacer de pequeño y escríbelo. Después él te preguntará a ti. Sigue el ejemplo.

Ej.: *¿Qué te gustaba comer?*

Alumno A

....
....
....
....

Alumno B

....
....
....
....

23 Esto es lo que hacía Carlos de pequeño. Ordena las frases según los dibujos.

Carlos estudiaba en su habitación. ☐ Carlos lloraba en la cuna. ☐

Carlos paseaba a su perro. ☐ Carlos jugaba en los columpios. ☐

UN POCO DE TODO

24 Mira los dibujos y haz el crucigrama.

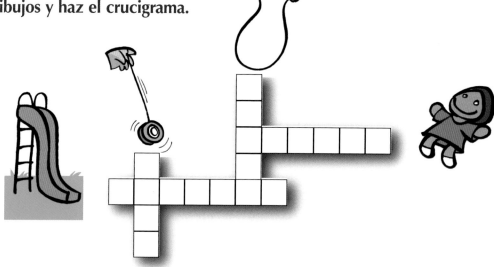

25 Busca la palabra intrusa.

1. vivía, cantar, estaba, era
2. pelo, columpio, canicas, muñeca
3. perro, comba, hormiga, lobo
4. siempre, a veces, de pequeño, a menudo
5. fácilmente, rápida, generalmente, estupendamente

26 Relaciona estos refranes y frases hechas con los dibujos.

1. Perro ladrador, poco mordedor.
2. Tener una memoria de elefante.
3. Comer como un cerdo.
4. Estar como una cabra.

Piensa en una situación donde puedas utilizar una frase hecha de las anteriores. Escríbela.

....

PARA TERMINAR
repaso y autoevaluación

27 **Relaciona.**

Ustedes	dormíamos
Él	hacían
Vosotros	nadabas
Tú	iba
Nosotros	era
Yo	salíais

28 **Separa en sílabas estas palabras y subraya la sílaba tónica.**

hormiga ....   ayudaba ....

perro ....   fácilmente ....

yoyó ....   café ....

29 **Corrige los errores en estas frases.**

1. Ven rapidomente aquí. ....

2. Nunca desayuno café cada dos por tres. ....

3. Pedro solía ir al cine siempre. ....

4. Ultimamente estás muy nervioso. ....

5. De Pascuas a Ramos iva al parque. ....

30 **Completa el texto.**

Tengo recuerdos muy agradables de mi infancia. .... (yo, tener) muchos amigos y todos los días .... (yo, soler) jugar con ellos. Me .... (gustar) ver la televisión con mis padres por las noches después de cenar. Pero el mejor momento .... (llegar) cuando mi madre me .... (leer) un cuento antes de dormir.

31 **Escribe el pretérito imperfecto de estos verbos.**

1. Ser *(usted)* ....

2. Ir *(vosotros)* ....

3. Saltar *(nosotros)* ....

4. Corregir *(ellos)* ....

5. Preferir *(yo)* ....

6. Jugar *(tú)* ....

Contar un suceso reciente o relacionado con el presente. El Pretérito Perfecto Compuesto. Pronombres de Complemento Directo. Léxico de la ciudad. Las mayúsculas. El punto.

1 Fíjate en la viñeta y lee lo que dice Mario.

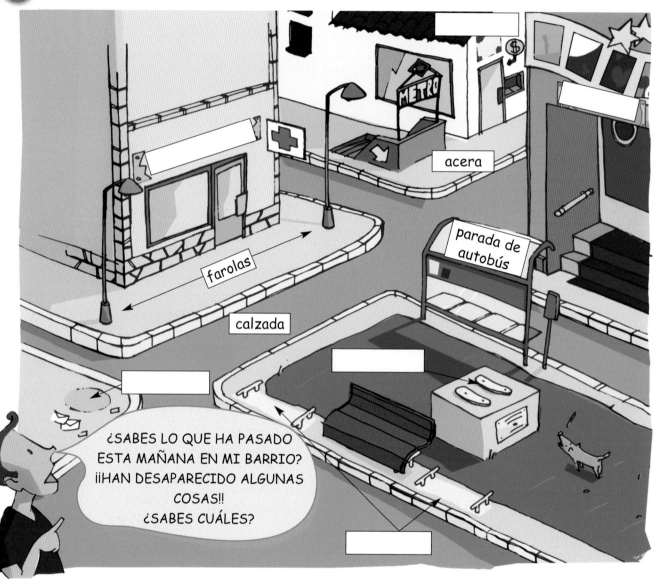

2 Lee el vocabulario y completa. Después, escribe en el dibujo las cosas que faltan.

1. El .... está situado enfrente de la parada del autobús.

2. La .... estaba en el centro del parque.

3. La .... se encuentra en la acera, enfrente del banco.

4. El .... estaba colocado en la acera, a la izquierda del parque.

5. Había tres .... en el parque.

6. La .... está entre dos farolas.

Vocabulario

cine
banco / bancos
farmacia
buzón
acera
estatua
boca de metro

PARA EMPEZAR

comprensión oral

3 Escucha lo que cuenta la madre de Mario y completa el texto.

¡Es increíble! Esta mañana, a las 7, he .... unas voces muy fuertes y mucho ruido en la calle. .... y .... la luz. .... por la ventana. .... que hacer un gran esfuerzo para ver algo. De repente he .... a un hombre que corría por la calle. Ese hombre .... algo así como "¡........................... la calle!". He .... hacia la calle y... ¡..................................... todo! El buzón, los bancos, los carteles de la farmacia, del banco y del cine, la estatua del parque... ¡........................... mi barrio! ¡¡¡¡Todo ....!!!!

4 Elige la opción correcta.

1 Doña Ana se ha despertado esta mañana porque...
a) ha escuchado voces en la calle ☐
b) ha sonado el despertador ☐

2 Cuando se ha levantado de la cama...
a) se ha duchado y ha desayunado ☐
b) se ha asomado por la ventana ☐

3 Después, doña Ana...
a) ha visto a un hombre en la calle ☐
b) ha puesto la tele ☐

4 En la calle de Mario...
a) ha habido un accidente de tráfico ☐
b) han desaparecido todas las cosas ☐

5 Escucha otra vez y escribe en los bocadillos la reacción del locutor.

¡No me digas / diga!
¿De verdad?
¡No me lo puedo creer!
¡Anda ya! / ¡Venga!
¡Qué bueno!
¿Y entonces?
¡Qué horror!

A TRABAJAR

léxico / gramática

6 Relaciona las dos columnas.

oír	han robado
despertarse	ha venido
encender	habéis gritado
mirar	he encendido
tener	has oído
gritar	me he despertado
desaparecer	han desaparecido
robar	has tenido
venir	he mirado

¿Sabes?

El Pretérito Perfecto Compuesto sirve para expresar una acción pasada relacionada con el presente.

Haber (Presente) + Participio del verbo (-ado/-ido)

he	
has	
ha	mirado
hemos	tenido
habéis	venido
han	

Ref. págs. 86-87

7 Relaciona y clasifica.

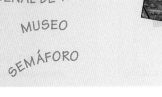

BIBLIOTECA

ESTACIÓN

CABINA DE TELÉFONO

HOSPITAL

TEATRO

SEÑAL DE TRÁFICO

MUSEO

SEMÁFORO

cosas

....
....
....
....
....
....

lugares

....
....
....
....
....

8 Ordena las siguientes frases según el ejemplo.

Ej.: *parque he hoy a Juan el en visto.* → *Hoy he visto a Juan en el parque.*

1. ¿la tus mañana carta a escrito padres esta has?

....

2. no deberes hecho hemos los hoy

....

3. ha profesora muchas mi dicho a padres mis cosas

....

4. pierna se ha la roto por Juan corría el parque cuando

....

¿Sabes?

Algunos participios irregulares son:

escribir → escrito
decir → dicho
hacer → hecho
romper → roto
ver → visto
poner → puesto
volver → vuelto
abrir → abierto

Ref. pág. 87

9 Completa las frases con *lo, la, los, las* según la información del *¿Sabes?*

1. Han llegado los extraterrestres y han cogido **todas las cosas** porque ……… quieren estudiar.

2. Alguien ha robado **el banco** porque ………va a poner en su salón como sofá.

3. Un señor ha visto **los carteles de la farmacia y del cine** y ……… ha cogido para poner……… en su barrio.

4. La estatua del parque es muy grande. ¿Quién ……… ha podido mover?

¿Sabes?

Quiero un ordenador. → ***Lo** quiero.*

He mirado unos discos. → ***Los** he mirado.*

He escrito una carta. → ***La** he escrito.*

He comprado unas flores. → ***Las** he comprado.*

*Ella **nos** mira (a nosotras).*

*Él **os** acompañará (a vosotros).*

¡Ojo!

Puedo leer un libro. → ***Lo** puedo leer. / Puedo leer**lo**.*

Quiero ver a María. → ***La** quiero ver. / Quiero ver**la**.*

Ref. pág. 90

10 Escucha lo que ha hecho Patricia. Después, observa los dibujos y escríbelo debajo.

G

……………………………… ……………………………… ……………………………… ………………………………
……………………………… ……………………………… ……………………………… ………………………………

……………………………… ……………………………… ……………………………… ………………………………
……………………………… ……………………………… ……………………………… ………………………………

11 Mis tíos han ido a Madrid de vacaciones. Escribe los lugares que *ya* han visto y los que *todavía no* han podido ver.

- Museo del Prado ✓   - Museo Reina Sofía
- Plaza Mayor   - Palacio Real ✓
- Puerta del Sol   - Teatro Real ✓
- Plaza de las Ventas ✓   - El Retiro
- El Santiago Bernabéu

✓ El Museo del Prado YA lo han visto. La plaza Mayor TODAVÍA NO la han visitado.

………………………………………………………………
………………………………………………………………
………………………………………………………………
………………………………………………………………

FÍJATE BIEN

12 Escribe las mayúsculas donde sea necesario.

1. el miércoles día 3 de julio voy a ir a un concierto de paulina rubio.

2. en la librería venden el último libro de gabriel garcía márquez y creo que lo voy a comprar.

3. el papa juan pablo II ha hecho un viaje muy largo por toda hispanoamérica.

4. ¡qué maravilla! hoy he estado en el museo del prado y he visto *las meninas* de velázquez. es impresionante.

5. el presidente de estados unidos ha dicho: "vamos a ir a españa el año próximo, en primavera".

¿Sabes?

Se escriben con mayúscula:
- La primera palabra de un escrito, después de punto o después de dos puntos cuando se citan palabras textuales. Después del saludo de las cartas.
- La primera palabra que sigue al signo de cierre de interrogación (?) o exclamación (!).
- Los nombres propios (personas, cargos, lugares...).

¡Ojo! Los nombres de los días de la semana, los meses y las estaciones del año se escriben con minúscula.

13 Escucha y coloca las mayúsculas y los puntos.

¿Sabes?

Se pone punto:
- detrás de las abreviaturas;
- en las cantidades escritas con números para separar las unidades de mil y de millón (excepto fechas, teléfonos y páginas).

Punto y seguido: se usa cuando se ha terminado una oración y se sigue escribiendo otra sobre el mismo tema.

Punto y aparte: se usa para indicar que ha finalizado un párrafo.

Punto final: indica que ha acabado el escrito.

¡Ojo! Después de los signos de interrogación y admiración no se pone punto.

Madrid es, además de ciudad, comunidad autónoma y capital de españa el centro de madrid es antiguo, con calles estrechas y desiguales en el centro está situada la puerta del sol, conocida también como "kilómetro 0" porque a partir de allí se miden las distancias con el resto de españa al norte de la comunidad hay montañas y pueblos muy bonitos al sur, el paisaje es diferente y no hay tantas montañas madrid es una ciudad activa y ruidosa, pues hay un tráfico muy intenso, sobre todo en el centro hay muchos lugares de diversión, si vienes a madrid tienes muchas cosas interesantes que ver

TU LECTURA

14 Lee lo que Mario hace normalmente un domingo cualquiera.

Hoy es domingo: me he levantado más tarde que otros días y hemos desayunado toda la familia churros con chocolate... ¡Qué ricos!

Después mis padres y yo nos hemos ido a dar una vuelta. Hemos comprado el periódico y hemos tomado el aperitivo. Yo, claro, he bebido un zumo... Todavía tengo 13 años..., pero mis padres han tomado una caña, y además nos han puesto unas tapas muy buenas. ¡El bar y la calle estaban llenos de gente!

A las tres hemos vuelto a casa y hemos comido poco. ¡Hemos tomado demasiadas tapas!

Por la tarde he visitado a mis tíos y he jugado con mis primos en el parque... Ha sido un día estupendo, pero... ¡mañana es lunes otra vez!

15 Responde a las preguntas siguientes.

¿Qué ha desayunado Mario los domingos?

....

¿Se ha levantado a la misma hora de todos los días?

....

¿Qué crees que es salir a "dar una vuelta"?

....

¿Qué ha bebido Mario con el aperitivo? ¿Y sus padres?

....

¿Crees que es costumbre en España hacer lo que hace Mario?

....

¿Dónde ha ido por la tarde?

....

16 Resume las cosas que ha hecho Mario durante el domingo.

....
....
....
....

AHORA HABLA

17 Lee de nuevo el texto de Tu Lectura y responde a las preguntas siguientes.

¿Sabes qué son los churros? ¿Hay algún desayuno típico en tu país?

¿Conoces lo que es una tapa? ¿Y una caña?

¿Cómo es un domingo en tu país?

18 Forma frases relacionando ambas columnas. Después, di estas mismas frases utilizando los pronombres personales de complemento directo.

Ej.: *Debéis ayudar → a los mayores.*

Debéis ayudar<u>los</u>.

nosotros queremos leer   a Juan y a mí

tú has comido   manzanas

él ha bebido   comprar un ramo de flores

ellos han visto   a vosotros

yo quiero   dos refrescos

ellos desean   el último libro de Harry Potter

¿Sabes?

Hoy...

Últimamente...

Alguna vez...

En mi vida...

Este mes / año / fin de semana / lunes / verano...

Esta semana / primavera...

Estos días / años...

Hace un rato...

Hace media hora...

19 ¿Ha ocurrido alguna vez algo extraño o divertido en tu barrio? Mira las viñetas, cuenta qué ha sucedido y reacciona.

20 Di frases con el pretérito perfecto compuesto. Sigue las instrucciones de tu profesor.

Ej.: *¿Has visto a Juan y María? → <u>Los</u> he visto hace un rato.*

¿Todavía no habéis leído el libro? No, aún no <u>lo</u> hemos leído.

AHORA TÚ
práctica global

21 Estás de vacaciones en Buenos Aires. Escribe una postal a un amigo contándole qué cosas has hecho allí. Utiliza el pretérito perfecto compuesto.

Saludos informales:
¡Hola, Juan!
Querido Juan:
¿Qué tal?

Despedidas informales:
Un beso/besote/besito,
Hasta pronto,
Nos vemos,
Besos,

22 Completa tu texto haciendo la pregunta adecuada a tu compañero.

ALUMNO A
¡Tapa el otro cuadro!

Hoy he hecho .... Me he levantado a las 7. Estoy resfriada y he ido al ....

Mi padre y yo hemos ido en metro. Después, a las 10, he subido .... y he llegado a clase de matemáticas.

A la 1 .... del cole y he vuelto a casa. Hemos comido .... estupenda que ha hecho mi madre y luego, a las 5, ... un poco.

A las 6:30 he ido al parque y he estado ....
.... un rato. A las 8 he ido a casa y .... He visto una peli y .... a las 10:30.

Ej.: *¿Qué has hecho hoy?*
Muchas cosas.

ALUMNO B
¡Tapa el otro cuadro!

Hoy he hecho muchas cosas. ....
a las 7. Estoy resfriada y he ido al médico.

Mi padre y yo hemos ido en metro. Después, a las 10, he subido al autobús y he llegado a la clase de ....

A la 1 he salido del cole y he vuelto ....
Hemos comido una paella estupenda que ha hecho .... y luego, a las 5, he estudiado un poco.

A las 6:30 .... al parque y he estado con mis amigos un rato. A las 8 .... a casa y hemos cenado. He visto .... y me he acostado a las 10:30.

Ej.: *¿Qué has hecho a las 7?*
Me he levantado.

UN POCO DE TODO

23 En grupos. Tenéis que construir una frase correcta con la expresión de la casilla o responder a la pregunta.

SALIDA

1 Hoy...

2 Tres cosas que ha hecho tu compañero de mesa.

3 ¿Cómo es tu barrio? Di los lugares y las cosas que tiene.

4 Alguien interesante que has conocido últimamente.

5 ¿Has estado alguna vez en un país hispano? (ya / todavía no)

6 En mi vida...

7 Nunca...

8 Di cuatro nombres comunes y cuatro nombres propios.

9 He hecho los deberes. Construye la frase con los.

10 Avanza tres casillas

11 Sitúa tu barrio en tu ciudad. Está en...

12 Participio de escribir y decir.

13 Ya... pero todavía no...

14 He conocido a las hermanas de Pedro. Construye la frase con las.

15 Pregunta a tu profesor utilizando el pretérito perfecto compuesto.

16 ¿Dónde has estado de vacaciones y qué has hecho?

17 Retrocede tres casillas

18 Cuenta cómo celebráis en tu país los cumpleaños.

19 He leído el periódico. Construye la frase con lo.

20 Hace un rato...

21 He comprado una entrada de cine. Construye la frase con la.

META

PARA TERMINAR

repaso y autoevaluación

24 Sustituye las palabras en negrita por los pronombres átonos *lo, la, los, las*.

1. Esta mañana he comprado unas flores. He puesto **las flores** en un jarrón y he colocado **las flores** encima de la mesa.

....

2. Hoy he escrito una postal a Juan. He cogido **la postal** y he echado **la postal** en el buzón de mi calle.

....

3. Mi madre me ha mandado al supermercado para comprar unos refrescos. He elegido **unos refrescos** de naranja y luego he pagado **los refrescos** en la caja.

....

25 Encuentra el intruso y márcalo.

cabina - museo - bancos - buzón

en el centro - al norte - en las afueras - buzón

hoy - esta mañana - ayer - últimamente

he comido - habéis escrito - han dicho - cantan

jugado - visto - estudiado - bebido

26 Escribe el pretérito perfecto compuesto de estos verbos en la persona indicada.

1 Ponerse *(ellos)* ....

2 Leer *(usted)* ....

3 Decir *(vosotros)* ....

4 Escribir *(nosotras)* ....

5 Romper *(tú)* ....

6 Levantarse *(ella)* ....

7 Coger *(yo)* ....

8 Caerse *(ustedes)* ....

27 Lee las frases y completa con las palabras correspondientes.

1. He ido al .... del centro y he visto una película muy buena.

2. ¿Has estado ya en el .... y has sacado el dinero que necesitas?

3. Hay mucha gente en la .... Creo que hoy me voy en metro.

4. Nos hemos sentado en un .... del parque, al lado de la ....

5. Hoy unos chicos han roto las .... de la calle y nos hemos quedado sin luz.

3 CUÉNTANOS TU VIDA

Contar un suceso del pasado lejano o no relacionado con el presente. El Pretérito Perfecto Simple. Marcadores temporales. Palabras agudas.

1 Me llamo Juana. ¿Quieres conocer la historia de mi vida?

1 **Nací** en Guadalajara en 1930.

2 **Viví** en Guadalajara durante 10 años.

3 A los 10 años mi familia y yo **nos trasladamos** a Madrid.

4 Durante cinco años **estudié** Medicina en la universidad.

5 A los 20 años **me enamoré** de Mateo y **nos casamos.**

6 Dos años después **tuve** un hijo.

7 **Trabajé** en un hospital de 1955 a 1990. Entonces, **me jubilé.**

8 Mi marido y yo **hicimos** varios viajes: **fuimos** a París...

9 En 1993 nació mi nieto Mario. Al año siguiente **murió** mi marido.

2 Escribe el infinitivo de los verbos que hay en la historia de Juana.

....

....

....

....

....

....

Vocabulario

nacer
trasladarse
casarse
jubilarse
morir
enamorarse de
convertirse en
mudarse de
llegar a ser

3 Escucha, lee y completa las expresiones que faltan en la siguiente entrevista a un personaje histórico.

● Buenos días, señor. ¿Qué tal está?

▶ Buenos días. Muy bien, gracias, gracias.

● Antes de nada... ¿Dónde y cuándo nació usted?

▶ Nací en Génova ....

● ¿Vivió siempre en Italia?

▶ .... empecé a trabajar como marinero y .... me trasladé a Portugal. Allí viví .... Allí me casé y nació mi hijo Diego.

● ¿Y cuándo decidió viajar a las Indias?

▶ .... me trasladé a Castilla con mi hijo y ofrecí el proyecto a los Reyes Católicos. Salí de Huelva .... con tres carabelas: la *Pinta,* la *Niña* y la *Santa María.*

● ¿Cuándo llegaron a tierra?

▶ .... llegamos a Las Bahamas. .... llegamos a Cuba, y .... a La Española. .... volvimos a España.

● ¿Volvió más veces?

▶ Sí, otras tres veces. .... viajé por segunda vez: descubrí Puerto Rico y América del Sur. ...., en el tercer viaje, descubrí las islas de Trinidad y Margarita. En el último viaje llegué a Honduras, Panamá y Jamaica. .... volví a España. .... me quedé allí para siempre.

● Muchas gracias por esta entrevista tan interesante, Almirante.

¿Quién es el personaje de la entrevista? ¿Por qué lo has sabido?

4 Elige la respuesta correcta.

1. ¿Dónde nació y vivió este personaje?

☐ a) Nació en España y vivió siempre en Italia.

☐ b) Nació en Génova y vivió en Italia, Portugal y España.

2. ¿Cuántas veces viajó a América?

☐ a) Viajó tres veces.

☐ b) Viajó cuatro veces.

3. ¿Cuándo volvió a España?

☐ a) Volvió a los 53 años de edad.

☐ b) Volvió después de 53 años.

En (el año) 1492.
A los 15 años.
Durante 10 años.
En agosto de 1492.
El 12 de octubre.
Unos días después / más tarde.
Entonces.
Al año siguiente.

A TRABAJAR

léxico / gramática

5 **Escribe los verbos en pretérito perfecto simple.**

1. Mi hermana *(nacer)* .... en junio. Ese día, cuando *(volver, yo)* .... de la escuela, *(alegrarse, yo)* .... mucho con la noticia.

2. Mi familia y yo *(vivir)* .... durante ocho años en Barcelona, pero después *(trasladarse)* .... a Bilbao.

3. ¿*(Estudiar, tú)* .... en el mismo colegio que yo? ¡Qué casualidad!

4. Cuando mis abuelos *(jubilarse)* .... *(empezar, vosotros)* .... a venir más a casa.

Ref. pág. 87

¿Sabes?

El Pretérito Perfecto Simple expresa una acción del pasado no relacionada con el presente.

-ar	-er	-ir
CANTAR	BEBER	VIVIR
canté	bebí	viví
cantaste	bebiste	viviste
cantó	bebió	vivió
cantamos	bebimos	vivimos
cantasteis	bebisteis	vivisteis
cantaron	bebieron	vivieron

6 **Coloca estas expresiones en la línea de tiempo.**

> el otro día - hace un mes - el año pasado - la semana pasada - hace tres días - anteayer - el verano pasado - anoche - ayer

el año pasado   anoche

Ahora

7 **Mira los dibujos y escribe qué hizo o qué le pasó a Juana. Utiliza las anteriores expresiones de tiempo.**

El año pasado se bañó en el mar.

....

....

....

....

....

....

....

....

8 ¿Cuándo fue la última vez que...? Escribe tu frase y pregunta luego a tu compañero.

¿Cuándo fue la última vez que...?	Yo	Tu compañero
Ver una película	*Anteayer vi una película.*	*Anoche vio una película.*
Ir a la playa		
Estar enfermo		
Decir una mentira		
Pedir dinero a los padres		
Hacer los deberes		
Dar un beso		

¿Sabes?

Irregulares

CAERSE	SERVIR	DORMIR
se cayó	*sirvió*	*durmió*
se cayeron	*sirvieron*	*durmieron*

Ref. págs. 87-88

9 Completa las frases con los verbos del *¿Sabes?* para expresar cambios.

- María .... morena en la playa.

- Su hijo .... loco de alegría al recibir la noticia.

- Le gustaba pintar. Pronto .... en un gran artista.

- María .... directora del hospital donde trabajaba.

- Mi hermano acabó la carrera. .... periodista.

¿Sabes?

Verbos de cambio
volverse
ponerse
llegar a ser
hacerse
convertirse

¿Sabes?

Le compró un reloj.
Me dio flores para mi cumpleaños.
Nos vendió su coche muy barato.
Les prestamos nuestro apartamento.

Ref. pág. 90

10 Escribe el verbo en pretérito perfecto simple.

1. El invierno pasado mi abuela .... *(caerse)* por la escalera.

2. En agosto .... *(nosotros, hacer)* un viaje por Europa.

3. El otro día mis hijos me .... *(pedir)* dinero y yo no .... *(querer)* darles nada.

4. Mi abuelo .... *(leer)* un rato y después .... *(dar)* una vuelta por el parque.

5. Él .... *(dormir)* muy bien anoche, pero yo no .... *(poder)* descansar nada.

6. Ayer vosotros .... *(hacer)* bien el ejercicio que la profesora .... *(poner)* en clase.

FÍJATE BIEN

11 Escribe las palabras que oigas y divídelas en sílabas.
Después, señala la sílaba fuerte.

mu rió

....

....

....

....

Ref. pág. 91

¿Sabes?

En las **palabras agudas** el acento de intensidad recae sobre la **última sílaba**: *autor, sanar, camión, dormir, bombón, alemán, aquí, jardín, también.*

Ref. pág. 90

12 Consulta el *¿Sabes?* y pon la tilde que corresponda en las siguientes palabras agudas.

Alli	Murio	Direccion	Pared
Capitan	Peru	Jamon	Se cayo
Leccion	Brasil	Portugal	Pastel
Trabajar	Emocion	Frances	Paris
Me dormi	Leyo	Construyo	Pantalon
Fui	Llegue	Vi	Menu
Dio	Me jubile	Volo	Abri

¿Sabes?

Las palabras agudas llevan **tilde** cuando acaban en **n, s o vocal**: *camión, sofá, revés, comí, bebió, dormí.*

Ref. pág. 90

13 Completa las frases.

1. El sábado .... *(salir, yo)* de casa temprano y hacía frío.

2. ¿Quieres saber cuándo .... *(comer, yo)* los bombones que me regalaste? Pues, la semana pasada.

3. Lima es la capital de ....

4. El oso panda come caña de ....

5. La salida no es por esa puerta, es por ....

14 Escucha y escribe las frases. Coloca la tilde donde sea necesario.

1. ....

2. ....

3. ....

4. ....

TU LECTURA

15 Ordena y lee la biografía de Picasso.

- En 1946 se trasladó a Antibes.
- Empezó a hacer cerámica.
- En los años 50 realizó muchas recreaciones de obras clásicas.
- En 1961 se casó con Jacqueline Roque.
- Trabajó mucho durante sus últimos años de vida.
- Murió en el castillo de Vouvenargues (Francia) en 1973.

- En 1919 se casó con la bailarina rusa Olga Koklova y tuvo a su hijo Paulo.
- Empezó a interesarse por la escultura.
- En 1935 tuvo a su hija Maya con Marie-Thérèse.
- Pintó el *Guernica* como repulsa a la Guerra Civil española.
- En 1943 conoció a Françoise Gilot. Con ella tuvo dos hijos, Claude y Paloma.

- Pablo Ruiz Picasso nació en Málaga en 1881.
- En 1895 se trasladó con su familia a Barcelona. Se relacionó con artistas y escritores.
- Entre 1901 y 1904 vivió en Madrid, Barcelona y París: *período azul* de su pintura.
- En la primavera de 1904 se trasladó definitivamente a París. Su pintura evolucionó hacia el estilo cubista.

16 Contesta a las preguntas siguientes.

¿Dónde y cuándo nació Picasso?

....

¿Cuántos hijos tuvo?

....

¿Dónde vivió a lo largo de toda su vida?

....

¿Dónde vivió durante la Guerra Civil española? ¿Qué obra famosa pintó entonces?

....

¿Dónde y cuándo murió?

....

17 **Contesta de forma oral.**

¿Conoces algún cuadro de Picasso? ¿Te gustó?

¿Sabes qué quiso expresar Picasso en el *Guernica?*

¿Picasso trabajó un solo estilo o probó varios?

¿Por qué Picasso fue famoso en todo el mundo?

18 **Haz preguntas a tus compañeros para saber qué hicieron…**

✔ las pasadas vacaciones   ✔ hace un mes

✔ en su último cumpleaños   ✔ anoche

✔ ayer por la mañana   ✔ el año pasado

19 **¿Quién de vosotros…**

comió carne anteayer?

fue al cine el fin de semana pasado?

nació hace 12 años?

estuvo enfermo la semana pasada?

cenó en casa anoche?

fue a la playa el verano pasado?

En grupos, preguntad a vuestros compañeros. Después, uno de vosotros contestará con las expresiones del *¿Sabes?*

Ej.: *Casi todos comieron carne ayer.*

> ## ¿Sabes?
> *(casi) todos* + verbo plural
> *(casi) nadie* + verbo singular
> *muchos* + verbo plural
> *algunos* + verbo plural
> *la mitad* + verbo singular
>
> **Ref. pág. 90**

20 **En grupos, elegid a uno de estos personajes e imaginad qué hicisteis ayer.**

Universitario preparando exámenes

Ejecutivos de empresa

Músicos callejeros

Jubilado en la gran ciudad

AHORA TÚ
práctica global

21 Mira el dibujo y escribe qué hicieron los estudiantes durante el descanso.
Utiliza las expresiones siguientes.

Ej.: *Nadie se quedó en la clase.*

(casi) nadie
muchos
(casi) todos
algunos
alguien
ninguno

¿Os gustó la película de la tele?

22 Completa el texto con la ayuda de los dibujos correspondientes a los verbos.

Arnaldo Gómez en 1925 en París. A los 10 años él y su familia a

....

España. en un colegio de Santiago de Compostela. A los 18 años a la

....

universidad a estudiar Medicina. Allí de Purita. Dos años después

....

en la Catedral de Santiago. Poco después Arnaldito, su hijo. A los cinco años

 de su mujer. en un hospital. a los 65 años.

....

  a los 70.

🎧 Ⓗ Ahora, escucha y comprueba.

UN POCO DE TODO

23 Las tres en raya. En grupos, terminad las frases propuestas. Gana el primer grupo que haga tres frases correctas seguidas.

ANTEAYER...

EL AÑO PASADO...

EL OTRO DÍA...

HACE DOS FINES DE SEMANA...

EL MIÉRCOLES 20 DE JUNIO...

EL DÍA DE MI CUMPLEAÑOS...

HACE UN AÑO...

JUAN, A LOS 20 AÑOS...

EN LAS ÚLTIMAS VACACIONES...

24 Palabras encadenadas. El profesor dirá una palabra aguda. Cada alumno debe decir otra palabra aguda que empiece con la última letra de la palabra anterior.

Ej.: *Azul → limón → nació → ocasión...*

25 Haz el siguiente crucigrama de pretérito perfecto simple.

HORIZONTALES	VERTICALES
1. Nacer, yo	**1.** Comer, vosotros
2. Morir, ellos	**2.** Venir, tú
3. Trabajar, ella	**3.** Leer, él
4. Ser, yo	**4.** Jugar, yo
5. Sentir, usted	**5.** Decir, ellas

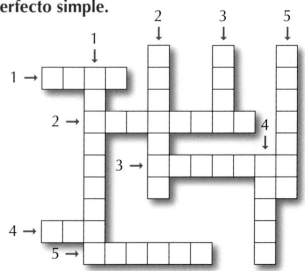

26 Completa con el pretérito perfecto simple de los verbos entre paréntesis.

El año pasado (ir, yo) .... de vacaciones a Madeira, que son unas islas muy bonitas de Portugal. Cuando (llegar, nosotros) .... al aeropuerto, (pasar, nosotros) .... mucho miedo en el aterrizaje. La pista era muy pequeña, así que el avión (bajar) .... casi verticalmente. La gente (gritar) .... asustada. Finalmente, el avión (tocar) .... el suelo y (respirar, nosotros) .... tranquilos. Después (perder, ellos) .... mi maleta, y cuando la (encontrar, yo) .... estaba rota y abierta. (Ir, nosotros) .... al hotel y (acostarse) .... muy tarde y muy cansados. ¡¡¡Qué viaje tan movido!!!

27 Busca la palabra intrusa.

1. leyó - durmió - construyó - creyó

3. pidieron - sintió - mintieron - vivió

2. dijimos - trajimos - bebimos - produjimos

4. tuve - hizo - puse - conocí

28 Lee los datos sobre la creación de la Unión Europea y redacta el texto utilizando el pretérito perfecto simple.

La Unión Europea

✓ 1957: Firma del Tratado de Roma y creación de la Comunidad Económica Europea (CEE).

✓ 1972: entrada del Reino Unido, Irlanda y Dinamarca en la CEE.

✓ Ampliación de la CEE: 1981 con Grecia; 1986 con España y Portugal.

✓ 1 julio 1987: el Acta Única Europea reforma el Tratado de Roma con objetivos políticos.

✓ 1992: firma del Tratado de Maastricht y conversión de la CEE en la Unión Europea.

✓ 1 enero 1995: nace la Europa de los quince.

✓ 1 enero 1999: nueva moneda europea, el euro.

29 Escribe la tilde de estos verbos en pretérito perfecto simple.

fuisteis	estuvimos	trabajo	vieron	me case
murio	vivi	dimos	estudiaste	dio

4 ¿QUIÉN ES EL SOSPECHOSO?

Relacionar hechos del pasado. Acciones durativas en pasado (Estar + Gerundio). Expresar causa y consecuencia. Misterio, suspense, enigmas. Pronombre relativo "que". Palabras graves.

1 **Mira los dibujos y completa los textos con las palabras del vocabulario.**

Hace una semana, en la mansión de los marqueses de Puturrú entró un ....

.... un diamante muy valioso que estaba en una urna de cristal.

Bautista, el mayordomo, llamó a la ....

El .... Pérez .... a los ....

Tenía algunas .... unas .... de pies y manos.

Había también una ...., la condesa de Potosí, vecina de los Puturrú.

2 **Relaciona las tres columnas.**

Testigo	Robar	Sospecha
Ladrón	Acusar	Acusación
Detenido	Declarar / testificar	Robo
Acusado	Detener	Interrogatorio
Sospechoso	Interrogar	Declaración / testimonio
Interrogado	Sospechar	Detención

Vocabulario

testigo
ladrón
inspector
robó
sospechosos
pistas
interrogó
policía
huellas

PARA EMPEZAR

3 Escucha las declaraciones recogidas por el inspector Pérez.

Marquesa de Puturrú

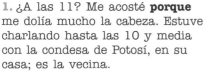

1. ¿A las 11? Me acosté **porque** me dolía mucho la cabeza. Estuve charlando hasta las 10 y media con la condesa de Potosí, en su casa; es la vecina.
2. Porque Bautista, el mayordomo, empezó a gritar y me desperté asustada.
3. Hace unas semanas mi marido regañó a Bautista, el mayordomo, y se enfadaron mucho. **Por lo tanto** creo que ha sido una venganza de Bautista.

Condesa de Potosí, la vecina

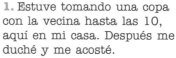

1. Estuve tomando una copa con la vecina hasta las 10, aquí en mi casa. Después me duché y me acosté.
2. Porque oí ruidos en la calle. Me asomé por la ventana y vi a alguien que salía por la ventana.
3. Seguramente ha sido el marqués porque así puede cobrar el seguro del diamante, **ya que** está muy mal de dinero...

Bautista, el mayordomo

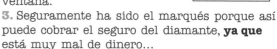

1. A las 11 estuve apagando las luces de la casa, **pues** siempre lo hago a esa hora.
2. Porque entré en el salón y vi la urna de cristal vacía. El marqués no estaba en casa, estaba con unos amigos, **así que** llamé yo a la policía.
3. Ha sido una venganza de la vecina, la condesa de Potosí. **Como** el marqués quería divorciarse de su mujer, la condesa le pidió casarse con ella, pero el marqués no quiso. **Por eso** pienso que ha sido ella.

Lee los textos anteriores y escribe las tres preguntas que ha hecho el inspector.

1. ....
2. ....
3. ....

4 En las declaraciones, cada personaje acusa a otro. ¿Cuáles son sus razones?

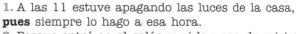

....
....
....
....
....
....
....
....

EXPRESAR CAUSA
... **porque** me dolía...
... **pues** siempre lo hago...
... **ya que** está muy mal...
Como el marqués...

EXPRESAR CONSECUENCIA
Por (lo) tanto creo que...
Por eso pienso que...
... **así que** llamé...

A TRABAJAR

léxico / gramática

¿Sabes?

Estar (Pretérito Perfecto Simple) + Gerundio: acción en desarrollo en un momento concreto del pasado.
Ayer estuve viendo el partido.

Ref. pág. 89

5 ¿Qué estuviste haciendo…

ayer antes de cenar? ....

....

el fin de semana pasado por la mañana? ....

el día de tu cumpleaños? ....

6 Señala la forma de pasado correcta.

1. Hace unos días hubo / había un robo en la mansión de los Potosí. Alguien entró / entraba por la ventana y cogió / cogía el diamante que estuvo / estaba escondido en una urna de cristal.

2. El inspector Pérez fue / era un hombre gordo y llevó / llevaba una libreta en la mano. Miró / Miraba con lupa la urna de cristal que tuvieron / tenían los marqueses.

3. Bautista descubrió / descubría el robo. Hubo / Había cristales de la urna de cristal en el suelo, pero nadie oyó / oía nada especial.

¿Sabes?

Pretérito Perfecto Simple
Hechos únicos en el pasado (información fundamental): Hace un mes fui al mar. / Ayer fui al banco.

Pretérito Imperfecto
Hechos habituales en el pasado: Antes veraneaba siempre en el mar.

Descripciones y circunstancias de un hecho pasado (información complementaria y explicaciones): Hacía sol y la gente llevaba manga corta. / Fui al banco porque no tenía dinero.

Ref. págs. 86-88

7 Construye frases relacionando ambas columnas y con el tiempo verbal adecuado en pasado.

¿Sabes?

El **Pretérito Perfecto Simple** hace referencia a un hecho sin relación con el momento presente: Ayer comí paella.

El **Pretérito Perfecto Compuesto** se refiere a un hecho pasado relacionado con el presente: Esta mañana he venido a clase en bicicleta.

Ref. págs. 86-88

Hoy	llover todo el día
Anoche	ir al cine
Hace un rato	cenar muy tarde
El domingo pasado	venir la profesora

....

....

....

....

8 Termina las frases usando *así que, por eso, por lo tanto*.

Hacía frío, ...

Hoy es fiesta, ...

Ayer me acosté tarde, ...

Estos días has tenido fiebre, ...

¿Sabes?

Tengo mucho sueño, **así que me voy a la cama.**

me voy a la cama es la consecuencia, el resultado de tengo sueño.

9 **Une las frases usando *porque, ya que, pues* y *como*.**

Ej.: *María estudia español. / A María le gusta mucho el español.*
María estudia español porque le gusta mucho.

Tengo hambre / Voy a comer un bocadillo.

....

Ha trabajado mucho / José está muy cansado.

....

Bautista apagó las luces de la casa / Bautista es el mayordomo.

....

Esta mañana llovía / He cogido el paraguas.

....

¿Sabes?

Como tengo mucho sueño, me voy a la cama. La causa de ir a la cama es *tengo mucho sueño*.

¡Ojo!
Como siempre va al principio de la frase.

10 **Mira las imágenes de la vida de Charo y José.**

Charo a los 15 años.   José a los 18 años.   Charo y José hace 5 años.   Este año nace su hijo.

Imagina y escribe la historia de Charo y José usando los tiempos verbales de pasado.

11 **Escribe el pronombre relativo *que* donde corresponda.**

Ej.: *El chico he visto esta mañana se llama Manuel.* →
El chico que he visto esta mañana se llama Manuel.

✔ Mi tía ha comprado unos helados de chocolate me encantan.

....

✔ El diamante han robado a los marqueses era de mucho valor.

....

✔ El inspector de policía ha venido se llama Pérez.

....

¿Sabes?

El pronombre relativo *que* sustituye al nombre dicho anteriormente.
La chica que viste se llama Ana (que = la chica).
Compramos un coche que corre mucho (que = un coche).

FÍJATE BIEN

🎧 **12** Escribe las palabras que escuches. Subraya la sílaba acentuada y coloca la tilde según el *¿Sabes?*

....

....

....

....

....

¿Sabes?

Se llaman graves las palabras que tienen el acento en la penúltima sílaba: *estuve, comimos, amigo.*
Ponemos tilde en las palabras graves que **no** terminan en **-n**, **-s** o **vocal:** *Ángel, azúcar.*

Ref. pág. 90

🎧 **13** Escribe en la columna correspondiente las palabras que oigas.

Agudas	Graves
....	....
....	....
....	....
....	....
....	....

14 Relaciona los dibujos con las frases hechas y marca las palabras graves.

A buenas horas mangas verdes.

Cada oveja con su pareja.

A barco nuevo, capitán viejo.

🎧 **15** Escucha y pon la tilde en las frases siguientes.

- El inspector Perez interrogo a los sospechosos. Alguno mintio en su declaracion.
- Los culpables iran a la carcel. Desde la ventana podran ver un bonito arbol lleno de hojas verdes y el cesped del jardin.
- Pablo me ha dicho que estuvo jugando al futbol con el hijo del consul.

TU LECTURA

16 Lee esta famosa aventura de *Don Quijote de La Mancha.*

Don Quijote y Sancho, su escudero, caminaban por La Mancha cuando don Quijote exclamó:

–¡Qué bien nos ha guiado la fortuna, amigo Sancho, pues nos trae una nueva aventura! Mira esos enormes gigantes de largos brazos. Lucharé contra ellos y obtendré fama en el mundo entero.

–¿Qué gigantes? –dijo Sancho–. Yo solamente veo molinos de viento. Lo que a vuestra merced le parecen brazos de gigante son las aspas de los molinos, que se mueven con el viento, así que no luche con ellos.

Como don Quijote tenía fantasías y delirios –por eso lo consideraban un loco–, no le obedeció y corrió con su caballo en dirección a los molinos. Entonces se levantó mucho viento y las aspas empezaron a moverse con fuerza. Don Quijote, con la lanza en la mano, atacó el primer molino que estaba delante, pero las aspas lo golpearon, y don Quijote y su caballo Rocinante cayeron al suelo. Así que Sancho fue a ayudar a su señor, que no se podía mover.

–Pero ¿qué ha hecho, mi señor? ¿No ve que son inocentes molinos de viento y no gigantes? –le dijo Sancho.

–¡Ay, amigo Sancho! Tú sí que eres inocente. ¿No sabes que hay encantadores y magos que luchan contra mí para impedir que gane fama con mis aventuras? Ellos han sido los que ahora han cambiado la realidad y han transformado a los enormes gigantes en inofensivos molinos de viento.

Miguel de Cervantes, *El Quijote I.* Col. Leer los Clásicos, Anaya, 2002 (texto adaptado).

17 Elige la opción correcta.

1. Don Quijote no obedece a Sancho...

    a) así que se levantó mucho viento. ☐

    b) ya que está loco. ☐

    c) como está loco. ☐

2. Se mueven con el viento...

    a) los molinos. ☐

    b) las aspas. ☐

    c) los brazos de un gigante. ☐

3. Don Quijote cayó al suelo y no se podía mover...

    a) pues Sancho iba a ayudarle. ☐

    b) como lo golpeó el aspa del molino. ☐

    c) por eso Sancho fue a ayudarle. ☐

18 A es uno de los tres sospechosos y B es el policía. Preparad tres preguntas para el interrogatorio y sus respuestas. Seguid las instrucciones del profesor.

Alumno A	Alumno B

19 Decid cinco cosas que hicisteis ayer y comparadlas con lo que habéis hecho hoy.

Ej.: *Ayer fui de compras, pero hoy no he podido.*

20 Expresa causa y consecuencia con todas las formas que conoces.

AHORA TÚ
práctica global

21 **Completa el siguiente enigma con pretérito perfecto simple o con pretérito imperfecto.**

1. Un hombre *(viajar)* .... a un pueblo que *(estar)* .... en la sierra de Madrid.

2. Cuando *(llegar, él)* .... al pueblo *(decidir)* .... cortarse el pelo.

3. *(Preguntar, él)* .... en el pueblo dónde *(haber)* .... una peluquería buena.

4. Le *(decir, ellos)* .... que en el pueblo *(haber)* .... dos peluqueros que *(ser, ellos)* .... hermanos.

5. Así que *(ir, él)* .... a uno de los peluqueros y vio que la peluquería *(estar)* .... muy sucia y que el peluquero *(tener)* .... el pelo muy mal cortado.

6. Después *(ir, él)* .... a la otra peluquería, que *(ser)* .... muy bonita, limpia y ordenada. El peluquero *(tener)* .... el pelo muy bien cortado.

7. El hombre *(sentarse)* .... debajo de un árbol y *(pensar)* .... cuál podía ser el mejor peluquero.

8. Finalmente, *(decidir)* .... ir a una de las dos peluquerías.

¿A qué peluquería fue? ¿Por qué lo has sabido?

....

....

22 **Escribe al lado de cada expresión un verbo en el tiempo que corresponda.**

En 2000	Este año	Últimamente ....
Anteayer	El lunes pasado	En verano ....
Hasta ahora no	Todavía no	Hace media hora que ....
Cuando tenía dos años	El día de la fiesta	Estas vacaciones ....

23 **Ordena los elementos para formar frases.**

esta el chico mañana he visto llama se que Manuel.

....

mi tía encantan me que de fresa comprado ha unos helados.

....

así no que había se fue el policía de inspector nadie.

....

tarde el comienzo llegasteis la de película como no habéis visto.

....

24 Busca siete palabras relacionadas con la lección. Después haz una frase con ellas expresando causa o consecuencia.

S	O	S	P	E	C	H	O	S	O
L	X	V	O	B	N	M	G	P	J
H	U	E	L	L	A	Ñ	N	Ñ	K
S	F	H	I	F	G	O	A	E	I
Z	C	B	C	K	R	P	S	D	F
L	Ñ	T	I	D	S	I	V	B	M
A	E	Y	A	C	U	S	A	R	C
Q	W	L	Q	W	E	T	X	O	V
X	M	A	S	D	F	A	G	B	U
L	L	T	E	S	T	I	G	O	O

....

....

....

....

....

25 ¿Sabes jugar al ahorcado? Completa con los verbos de la lección.

1. _R_ _ _ _ _

2. _S_ _ _ _ _ _ _ _ _

3. _I_ _ _ _ _ _ _ _ _ _

4. _D_ _ _ _ _ _ _

5. _A_ _ _ _ _ _

6. _D_ _ _ _ _ _ _

7. _T_ _ _ _ _ _ _ _ _ _

26 Frases encadenadas. Un alumno dice una frase y los demás irán diciendo por turnos otra frase que exprese causa o consecuencia de la frase anterior.

Ej.: *Como llovía* → *cogí el paraguas* → *por eso no me mojé.*

27 Busca la palabra intrusa.

ladrón — sospechoso — pista — testigo

interrogar — robar — detener — investigar

porque — pues — como — por eso

así que — por lo tanto — ya que — por eso

28 **Relaciona las columnas.**

anoche   me he levantado a las 8.

esta mañana   has ido al cine todas las semanas.

hace una semana   nació mi hermano.

este mes   ha sonado el teléfono.

el día de mi cumpleaños   me acosté un poco tarde porque vi una película.

hace un momento   mis padres me regalaron una bicicleta.

hoy   ha llovido durante todo el día.

29 **Escribe las palabras que oigas y después subraya las palabras graves.**

....

....

....

....

30 **Completa con los tiempos verbales de pasado que conoces.**

1. Hace un año mis padres *(comprar)* .... una casa que *(ser)* .... muy grande.

2. Este mes *(ir, yo)* .... a casa de mis abuelos varias veces, porque mi abuelo *(estar)* .... enfermo y mi abuela *(necesitar)* .... ayuda.

3. Cuando mi vecino y yo *(tener)* .... cinco años *(ir, nosotros)* .... a la misma escuela. Dos años más tarde mi familia *(trasladarse)* .... a otro barrio. Cinco años después *(volver, nosotros)* .... a nuestro antiguo barrio, pero nuestro vecino ya no *(vivir)* .... allí.

4. ¿*(Estar, vosotros)* .... alguna vez en España?

5. ¿*(Leer, usted)* .... el periódico de hoy? Creo que dos ladrones *(robar)* .... anoche en el Banco de España.

31 **Completa uniendo las frases.**

1. Ayer estuve estudiando .... no sabía bien los verbos en pasado.

2. .... nevó en la sierra, fuimos a esquiar.

3. No nos gustó la película .... vimos ayer.

4. Me voy .... es tarde.

5. Hoy hace mucho frío, ... abrígate.

6. Hemos visto en la calle al director de cine .... hizo esta película.

5 MAÑANA SERÁ OTRO DÍA

Expresar planes y proyectos. Expresar probabilidad en el futuro, presente y pasado. Futuro Simple y Futuro Compuesto. Viajes. Palabras similares. La diéresis.

1 Mira las viñetas y rellena las casillas vacías con las palabras del vocabulario.

PUERTAS DE EMBARQUE
A1   A2
30 kg

ANDÉN
AVE
PROCEDENCIA   MADRID
DESTINO   BILBAO

Vocabulario

vuelo	vagón
avión	revisor
piloto	equipaje
azafata	viajero / pasajero
facturación	billete
autocar	maleta
tren	asiento
andén	procedencia
vía	destino

2 ¿Qué otros medios de transporte conoces?

....

¿En cuáles de estos medios de transporte has viajado alguna vez?

....

3 Completa con las palabras que faltan.

El .... procedente de Málaga y con .... a Barcelona hará su entrada en el .... número 2, vía 3. Para mayor rapidez, los .... con billete deben subir a su .... correspondiente. El .... los ayudará a encontrar su .... Por favor, pongan sus .... arriba, en el portaequipajes, para dejar libre el pasillo del vagón. Muchas gracias.

El .... de la compañía aérea Vuelosaire con destino a Río de Janeiro efectuará su salida a las 20:40 horas. Pasen por la .... A3. Los mostradores de .... de equipaje son los números 30, 31 y 32. Recordamos a los .... que solamente pueden subir al .... una .... pequeña. Si tienen alguna duda, pregunten a la .... del mostrador. Muchas gracias.

🎧 Ⓗ Ahora, escucha y comprueba.

4 Marca si es verdadero o falso.

1. El tren viene de Barcelona y va a Málaga.
2. El tren entrará por la vía 3.
3. Los pasajeros deberán poner su equipaje en el pasillo del vagón.
4. El avión viene de Río de Janeiro.
5. El avión saldrá a las nueve menos veinte.
6. Los viajeros deben facturar sus maletas pequeñas.

VERDADERO   FALSO
☐   ☐
☐   ☐
☐   ☐
☐   ☐
☐   ☐
☐   ☐

🎧 **5** Escucha y completa.

- El autocar .... Bilbao viene .... una hora de retraso.
- El tren .... Cádiz está situado .... vía 5.
- Último aviso .... los pasajeros .... vuelo número 6784.
- Pasen .... la .... B1.
- Tu tren ha entrado .... 2.
- Comprueba el billete antes de subir ....
- Mi asiento da .... Preguntaré al revisor si puedo cambiarme.
- Aún no sabemos .... tren o .... autocar.

Ref. pág. 91 G

El tren procedente de...
Hará su entrada en el andén.
El vuelo con destino a...
Pasen por la puerta de embarque...
Pueden subir al avión.
Viajaremos en autocar.

A TRABAJAR

léxico / gramática

6 Escribe tus planes para este fin de semana utilizando las formas del *¿Sabes?*

¿Sabes?

Expresar planes y proyectos

- Presente de Indicativo: *Esta tarde voy al cine.*
- Futuro simple: *Iré a la playa.*
- *Ir a* + Infinitivo: *Voy a ir a la playa.*
- *Pensar / querer* + Infinitivo: *Pienso ir a la playa.*

Ref. pág. 92

7 Dentro de 300 años… Completa las frases de las viñetas.

¿Sabes?

Probabilidad en el futuro

Dentro de 300 años creo que habrá pocos bosques.

Ref. pág. 92

.... robots en casa.

A lo mejor .... libros electrónicos.

Los coches ....
.... a 500 km por hora.

.... casas en la Luna.

Ahora, di cómo serán dentro de 300 años…

la comida

la forma de vestir

la enseñanza

la televisión

¿Sabes?

Para indicar probabilidad en el futuro, presente y pasado se utilizan las expresiones:

- Seguramente
- Posiblemente
- Probablemente
- Tal vez
- A lo mejor
- Quizás

Ref. pág. 92

8 Escucha y escribe en la columna correspondiente.

Seguro	Menos seguro
¿Qué hora es? Son las 8.	*¿Qué hora es? Serán las 8.*
....	....
....	....
....	....
....	....
....	....

> **¿Sabes?**
>
> **Probabilidad en el presente**
> *¿Qué hora será? Serán las 8 (no estoy seguro de qué hora es).*
>
> Ref. pág. 92

9 Escribe el verbo en futuro compuesto.

– Vamos a darnos prisa, Juan y Carmen *(llegar)*
.... ya.

– Irene no ha llegado a tiempo, *(haber)* ....
.... atasco.

– Ha sonado el timbre. ¿Quién *(llamar)* ....
.............................?

– Si tú lo dices, lo *(hacer)* .... yo.

– *(Cerrar, vosotros)* ....
la puerta, ¿verdad?

– Tal vez a esa hora ya *(terminar, tú)* ....
....

> **¿Sabes?**
>
> *Deber de + Infinitivo expresa probabilidad. María ha estudiado mucho → **Debe de estar cansada** = **Probablemente** estará cansada. Deber de + Infinitivo ≠ Deber + Infinitivo*

> **¿Sabes?**
>
> **Futuro Compuesto**
> *Se forma con el Futuro Simple de haber + Participio del verbo conjugado.*
>
> Ref. pág. 91

> **¿Sabes?**
>
> **Probabilidad en el pasado**
> *No ha sonado el despertador. ¿Se **habrá agotado** la pila?*
> *He llamado a Juan y no lo he encontrado. Quizás **habrá salido**.*
>
> Ref. págs. 91-92

10 Mira las fotos y haz tus hipótesis sobre lo ocurrido.

a lo mejor   seguramente    habrá...   probablemente

....
....

....
....

....
....

FÍJATE BIEN

11 **Lee el ¿Sabes? y marca la palabra adecuada.**

1. El jugador oculta un *as / has* en la manga.
2. Toma este *tubo / tuvo* y colócalo en su sitio.
3. El pueblo *bota / vota* el día de las elecciones.
4. Se *calló / cayó* de repente, y se hizo el silencio.
5. Sobre la *vaca / baca* puse el equipaje.
6. Nos dijo *ola / hola* cuando nos vimos esta mañana.
7. La verdad es que *tubo / tuvo* una buena idea.
8. *Cabo / cavo* en la arena para hacer un agujero.
9. Está chiflado. Lleva una *vota / bota* de cada color.
10. Vamos *haber / a ver* si nos callamos de una vez.
11. Creo que el *asta / hasta* hirió al torero en la pierna.

¿Sabes?

En español hay palabras que se pronuncian igual y se escriben de manera diferente:
- *has* (verbo *haber*) /*as* (carta de la baraja);
- *hay* (de *haber*) / *¡Ay!* (interjección);
- *hola* (saludo) / *ola* (onda de agua en el mar);
- *baca* (parte del coche) / *vaca* (animal);
- *tuvo* (del verbo *tener*) / *tubo* (pieza en forma de cilindro);
- *cavo* (de *cavar*) / *cabo* (accidente geográfico);
- *cayó* (de *caer*) / *calló* (de *callar*);
- *bota* (calzado) / *vota* (de *votar*);
- *haber* (verbo) / *a ver* (preposición y verbo);
- *hasta* (preposición) / *asta* (cuerno).

¿Sabes?

Hay otras palabras que tienen una pronunciación muy parecida pero se escriben de manera muy distinta.
¡Ay! / hay / ahí.

12 **Escucha con atención y escribe *hay, ahí* o *ay*.**

.... un chico que dice: "..................".

.... ¡Qué daño! Me he sentado .... , justo encima de un clavo que ....

.... que saludar a todas las personas que están ....

¿Sabes?

La **diéresis** se pone sobre la *u* de las sílabas *gue* y *gui* para indicar que se pronuncia esa *u*: *ungüento, bilingüe, vergüenza, lingüística.*

13 **Escribe las palabras que vas a oír en la columna correspondiente.**

GÜ	GU
....	....
....	....
....	....

14 **Escribe seis frases que contengan las palabras anteriores.**

....

....

....

....

....

TU LECTURA

15 Lee este correo electrónico y responde a las preguntas.

New Message

File Edit View Insert Format Tools Message Help

Send | Cut | Copy | Paste | Undo | Check | Spelling | Attach | Priority | Sign | Encrypt | Offline

To: Mario Pérez

Cc:

Subject: ¿Qué piensas hacer este verano?

¿Qué tal tus exámenes finales? Debes de estar agotado.

¿Qué vas a hacer en el verano? Yo quiero viajar por Europa, pero, como todos los años, creo que iré a Valencia con mis primos. Seguramente estaremos en la playa diez días. A lo mejor vamos a visitar algún museo. Nos divertiremos juntos; pienso salir todas las noches a tomar algo, a bailar.

¿Qué vas a hacer tú? Escríbeme y me lo cuentas. He pensado que, si quieres, puedes venir con nosotros. Serán pocos días pero intensos. Quizás vendrán también Paula y David con nosotros; tal vez ya habrán llegado de París. Hay sitio para todos; la casa es grande y piensan pintarla para entonces.

Ahora estamos un poco cansados con los estudios, y todos nos preguntamos lo mismo: ¿Habré estudiado lo suficiente? Seguramente. Yo creo que tendremos buenos resultados.

Bueno, Mario, escríbeme. Dime que vendrás.

Un beso,

Patricia.

Inicio | Lección5 | Microsoft Word... | Outlook Express | New Message | 9:20

---

1. ¿Qué piensa hacer Patricia en la playa? ....

2. Señala la opción correcta.

A lo mejor vamos a visitar algún museo:
) Visitarán algún museo. ☐
) Probablemente visitarán algún museo. ☐

Quizás vendrán también Paula y David:
a) A lo mejor Paula y David van a Valencia. ☐
b) Paula y David van a ir a Valencia. ☐

Creo que iré a Valencia con mis primos:
) Seguro que irá a Valencia. ☐
) Tal vez irá a Valencia. ☐

Yo creo que tendremos buenos resultados:
a) No estoy seguro de tener buenos resultados. ☐
b) Posiblemente tendremos buenos resultados. ☐

16 Imagina que eres Mario. Contesta a Patricia contándole tus planes.

....

....

....

....

AHORA HABLA
expresión oral

17 Tú y tu compañero vais a planificar las próximas vacaciones.

¿Cuándo?, ¿en qué fecha?

¿Adónde?

¿En qué medio de transporte?

¿Dónde vais a alojaros?

¿Qué pensáis hacer allí?

18 Quieres presentarte en las próximas elecciones a delegado de la clase. Piensa en tus proyectos y haz un pequeño discurso. Usa estos verbos:

ayudar - prometer - suprimir - defender - cambiar

19 El revisor le pide el billete a Carmen, y ella se asusta. ¿Qué puede pasar? ¿Qué ha podido pasar? Os proponemos algunas situaciones posibles.

SITUACIONES

- olvidarse el billete
- confundirse de vagón
- equivocarse de tren
- no fuma y está en el vagón de fumadores
- quiere estar al lado de la ventanilla, pero...

¿Qué puede pasar?

¿Qué ha podido pasar?

práctica global

20 Lee las frases y escribe debajo tu reacción expresando probabilidad.

Ej.: *El profesor ha venido a clase vestido de pingüino.*
¿Estará loco? Seguramente habrá pensado que es carnaval.

1. Llegas a la estación para esperar a un amigo. No tienes reloj y no sabes la hora.

....

2. Esperas una llamada de un amigo, pero es tarde y no te llama.

....

3. Has visto en la calle a una antigua amiga con un niño pequeño.

....

21 Escribe las palabras que faltan.

1. Cuando viajo en .... voy a la agencia y compro el ....

2. La .... es una señorita muy amable que te atiende en los ....

3. Juan y Pedro piensan recorrer los Pirineos con su .... de montaña.

4. Probablemente .... de vacaciones a la playa, pero mis padres quieren

.... coche y mi hermano y yo queremos ir .... autocar.

22 Corrige las frases siguientes.

1. Ese avión va en Barcelona. ....

2. Ha llegado el tren procedente a Málaga. ....

3. Seguramente iré de autocar. ....

4. Mi madre piensa hará un viaje en Francia. ....

23 En parejas, mirad los dibujos. ¿Qué habrá ocurrido?

....

....

....

UN POCO DE TODO

24 ¿Qué ocurrirá...? Escribe frases con estas expresiones.

El año que viene...	Dentro de cien años...	En 2015...	El 31 de diciembre...
En Navidad...			El próximo domingo...
Dentro de un mes...			En las vacaciones de verano...
Cuando tenga 20 años...	Esta noche...	En el siglo XXII...	Dentro de un rato...

25 Vamos a preparar el viaje de fin de curso.

Seguramente ....

A lo mejor ....

Pensamos ir ....

Creo que ....

26 Corrige los errores.

¿Cuántos caramelos ay?   Ve haber si ha venido papá.

....

Voy a estudiar asta las ocho.   Suspendió el examen y tubo que estudiar en verano.

....

PARA TERMINAR
repaso y autoevaluación

27 **Señala el intruso y di por qué lo es.**

avión - coche - tren - autocar ....

azafata - revisor - maleta - piloto ....

vuelo - vagón - andén - vía ....

a lo mejor - desde luego - probablemente - seguramente ....

equipaje - viajero - conducir - billete ....

28 **Escucha y escribe *gu* o *gü*.**

......adalajara   bilin......e

ci......eña   pin......ino

á......ila   ......ijarro

ye......a   lin......ística

......acamole   ......epardo

29 **Expresa probabilidad con los verbos.**

1. –No responde nadie al teléfono. ¿*(Salir, ellos)*? ....

   –No sé, a lo mejor *(estar, ellos)* cenando fuera. ....

2. –¿Cuántos años *(tener)* Juan? ....

   –*(Tener)* unos 60, más o menos. ....

3. –Es ya muy tarde. No tengo reloj, pero *(ser)* las 10. ....

4. –La puerta del baño está cerrada. Seguramente *(haber)* alguien dentro. ....

5. –¡Y María y Ana no llegan! Hemos quedado a las 8 y son las 9. ¿Les *(ocurrir)* algo?

   ....

6. –Ella *(viajar)* probablemente en autocar y yo a lo mejor *(ir)* en tren. ....

30 **Relaciona las columnas e indica qué expresa cada frase.**

		Probabilidad	Planes
1. Mi padre cree que este verano	pintar la casa	1. ☐	☐
2. Seguramente	viene en el siguiente tren	2. ☐	☐
3. El mes que viene voy a	cogeré el primer avión	3. ☐	☐
4. A lo mejor	hacer una excursión el domingo	4. ☐	☐
5. Pensamos	no tendrá vacaciones	5. ☐	☐

Hablar de acciones anteriores a otras en el pasado. Pretérito Pluscuamperfecto de Indicativo. Acciones durativas en pasado: *estaba* + Gerundio; *llevar* + Gerundio. Deportes. La *b* / *v;* la *h* y la *ch*.

1 Observa el campo de fútbol y escribe en las casillas la palabra correspondiente del vocabulario.

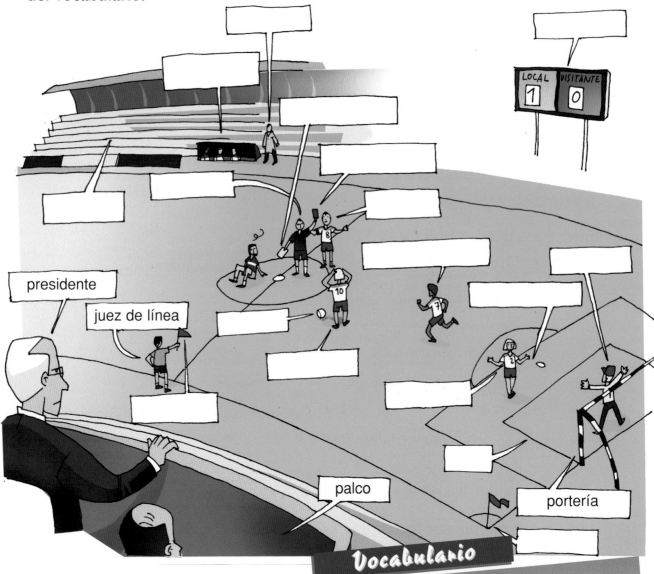

LOCAL 1 VISITANTE 0

presidente

juez de línea

palco

portería

Vocabulario

portero	balón
defensa	gradas
centrocampista	banquillo
delantero	área
capitán	córner
árbitro	marcador
juez de línea	banderín
entrenador	tarjeta roja / amarilla
portería	punto de penalti

2 ¿Qué otros deportes conoces?

....

....

....

PARA EMPEZAR

3 Escucha y completa la conversación entre Mario y su amigo Juan.

Mario: ¿Viste el partido de ayer?

Juan: No pude porque mi amiga Claudia .... conmigo en casa. ¿Qué ocurrió?

Mario: El primer tiempo fue un poco aburrido, pero cuando .... cinco minutos del segundo tiempo, Gustavo, el jugador del Buenavista…

Juan: ¡Ya sé quién es Gustavo...!

Mario: Vale, vale... Pues a los cinco minutos Gustavo robó el balón a Buitrago, del Casablanca, y corrió por todo el campo hasta la portería contraria. Mientras los demás futbolistas .... hacia un lado, él corría y corría hacia el lado contrario...

Juan: ¿Hubo fuera de juego?

Mario: No, porque Ricardo, el número 8 del Casablanca, se .... cuenta de la jugada de Gustavo y .... a correr detrás de él. Cuando Gustavo metió el gol, Ricardo estaba a su lado, en línea, así que no hubo fuera de juego.

Juan: ¿De verdad? ¡Increíble! ¡Qué suerte! ¿Y metieron más goles?

Mario: No, pero el partido estuvo bien. La verdad es que .... mucho tiempo no .... un partido tan divertido...

Juan: ¿Sí? ¡Qué pena no verlo! Además .... dos temporadas que no .... el Buenavista.

4 Responde a las preguntas siguientes.

1. ¿Por qué no pudo Juan ver el partido?

....

2. ¿Quién ganó el partido? ¿Por cuántos goles?

....

3. ¿Qué hizo Gustavo?

....

....

4. ¿Qué estaban haciendo los jugadores del Casablanca mientras Gustavo corría?

....

....

Estar fuera de juego.
Marcar / meter gol.
Regatear al contrario.
Pitar una falta.
Lanzar un penalti.
Empatar a dos.
Despejar el balón.

A TRABAJAR

léxico / gramática

¿Sabes?

Pretérito Pluscuamperfecto

Pretérito Imperfecto de *haber* + Participio del verbo.
Se usa para hablar de una acción anterior a otra en el pasado.
Cuando llegué, ya habían salido.

Ref. pág. 89

5 **Fíjate en el *¿Sabes?* y completa las frases.**

Ej.: *Cuando (llegar, yo) llegué a casa de María, ella ya (salir) había salido.*

1. ¿Por qué no *(cenar, vosotros)* .... anoche?
   Porque *(comer, nosotros)* ....
   mucho y no teníamos hambre.

2. Ayer *(acostarse, yo)* .... muy pronto porque la noche anterior no *(dormir, yo)* .... bien y estaba cansado.

3. No *(ir, yo)* .... a ver esa película ya que la *(ver)* .... tres días antes.

4. El invierno pasado no *(nosotros, ir)* .... a esquiar a los Pirineos porque el año anterior ya *(estar)* .... allí.

5. Tres días antes María *(discutir)* .... con Juan, por eso no lo *(invitar)* .... a su fiesta de cumpleaños.

6. Hace una semana que ellos *(telefonear)* .... a Mila, pero ella ya no estaba porque *(trasladarse)* .... un mes antes a otra ciudad.

¿Sabes?

Para hablar de un periodo de tiempo usamos:
desde + fecha
No juego al fútbol desde agosto.
desde hace + periodo
Está en el gimnasio desde hace tres horas.
hace... (periodo) **que**
Hace tres meses que no veo a Juan.

Ref. pág. 89

6 **Mira las fotos y escribe frases usando *desde, desde hace, hace... que.***

Ej.: *No he ido a nadar desde el mes pasado.*

....
....
....

....
....
....

....
....
....

7 Ayer por la tarde Mario estuvo viendo el fútbol. Escribe qué estaban haciendo estas personas mientras tanto.

¿Sabes?

Estaba + Gerundio: acción en desarrollo en el pasado simultánea a otra acción pasada.
Estaba leyendo el periódico cuando llamaron a la puerta.

Ref. pág. 89

....

¿Sabes?

En español, con el verbo *jugar* se usa la preposición *a*:
Jugar al baloncesto, al fútbol.

....

¿Y tú? ¿Qué estabas haciendo? Pregunta luego a tu compañero.

¿Sabes?

Llevar + Gerundio

En presente, indica que una acción dura desde un punto del pasado hasta el momento en que hablo.

• Periodo de tiempo:
Ellos llevan discutiendo dos horas.
• **Desde** + fecha:
Llevo viviendo en este barrio desde 1995.
• **Desde hace** + periodo puede construirse con **llevar** o **estar** + Gerundio:
Lleva / Está lloviendo desde hace dos días.

En pasado, indica una acción que dura desde un punto a otro del pasado.
Cuando me llamaste, llevaba una hora trabajando.

Ref. pág. 89

8 Completa las frases con *llevar* o *estar* + gerundio.

1. Cuando llegaste a casa, yo *(esperar)* .... tres horas.

2. Desde hace dos semanas Estefanía *(buscar)* .... a su perro.

3. El árbitro y el portero .... *(discutir)*.

4. *(Preparar, tú)* .... la cena toda la tarde.

5. Milagros *(llamar)* .... a Benjamín desde ayer.

9 Relaciona las columnas.

Hace dos meses que
Mientras yo nadaba
Llevo estudiando inglés
Estábamos viendo la tele y
Llevaban una hora jugando al tenis

desde 1999
de repente se fue la luz
estuve en un partido de rugby
cuando a Pedro se le rompió la raqueta
tú hacías judo

FÍJATE BIEN

ortografía / fonética: la _b_ / _v_; la _h_ y la _ch_

10 Escucha las siguientes palabras, escribe _b_ o _v_ y completa el _¿Sabes?_

fie......re   descu......rir   posi......ilidad

......razo   nue......a   am......ulancia

o......tener   ......icepresidente   pasi......o

ser......ir   her......ir   ......icolor

......izconde   cantá......amos   in......itar

ca......le   disol......er   ......lanco

¿Sabes?

Se escribe _b_:
– delante de consonante;
– en los verbos terminados en ....
   (excepto _servir_, ..., _vivir_);
– en el Pretérito Imperfecto de los verbos
   terminados en ....;
– después de _m_;
– delante de _l_ y _r_;
– en los prefijos _bis-_ y _bi-_;
– en el sufijo ....
Se escribe _v_:
– en los adjetivos terminados en _-avo_;
   -evo, ... y sus femeninos;
– en los verbos acabados en _-olver_;
– después de _n_;
– en los prefijos _viz-_ y _vice-_.

11 Busca en el diccionario la diferencia entre las siguientes palabras con _b_ y con _v_.

vaca ....

baca..

bienes ....

vienes ....

bello ....

vello ....

barón...

varón...

12 Escucha y escribe _h_ o _ch_ cuando corresponda.

1. ......abía
2. ......ueso
3. ......ico
4. caca......uete
5. ......ombre
6. no......e
7. ......oso
8. ......ielo
9. le......uga
10. ......ueco

11. ......olores
12. re......acer
13. ......uimos
14. ......ierro
15. ......olemos
16. in......umano
17. ......aqueta
18. ......uelen
19. me......ero
20. des......acer

¿Sabes?

La _h_ en español no se pronuncia.
La _h_ y la _ch_ solamente pueden aparecer al inicio o en interior de palabra.
Entre otras, se escriben con _h_ las palabras que empiezan por _ia_, _ie_, _ue_ y _ui_.
Huevo, _huir_, _huelo_ (del verbo _oler_).

TU LECTURA

13 Lee el siguiente texto.

DEPORTES, FÚTBOL Y ESPECTÁCULO

Según una encuesta reciente del CIS (Centro de Investigaciones Sociológicas), el deporte que más practican los españoles es la natación. En cambio, el hockey y el rugby son los menos practicados. Últimamente son cada vez más las personas que optan por actividades al aire libre, sobre todo el senderismo y el montañismo. Seguramente es porque la gente busca deportes no competitivos, más relajados, para liberarse del estrés de la vida cotidiana. Además, desean estar en contacto con la naturaleza y salir de la gran ciudad.

Por otra parte, hay deportes que despiertan mucho interés porque casi se han convertido en un espectáculo de masas. Ese es el caso del fútbol. Sin duda, es el deporte que genera el mayor número de telespectadores. En un partido decisivo, el fútbol puede llegar a paralizar la vida normal y corriente de una ciudad o un país. Muchos futbolistas son más que buenos o malos deportistas; son estrellas con un poder e influencia que no tienen muchos políticos. En muchos casos, parece un negocio más que un deporte. ¿Será eso bueno?

14 Marca la opción correcta.

1. El deporte más practicado en España es:
   a) el senderismo
   b) el fútbol
   c) la natación

2. El montañismo es:
   a) estresante
   b) relajado
   c) competitivo

3. El senderismo se practica:
   a) en un gimnasio
   b) en un entorno natural
   c) en la gran ciudad

4. Algunos futbolistas:
   a) son políticos
   b) son malos deportistas
   c) tienen un enorme poder e influencia

15 Escribe las conclusiones que extraes del texto.

....

....

....

16 Contesta a estas preguntas.

1. ¿Qué deportes practicas tú?

2. ¿Qué deportes se practican en tu país? ¿Cuál es el más popular?

3. Si te gusta el fútbol, ¿cuál es tu equipo favorito? ¿A qué futbolista te gustaría conocer?

4. En general, ¿los deportistas son personajes con influencia en tu país?

5. ¿Crees que el fútbol es un espectáculo? ¿Por qué?

17 Contad a la clase una jugada de un partido de fútbol. Utilizad algunas de las siguientes expresiones.

> Marcar gol   Pitar una falta / un penalti   Sacar una tarjeta roja / amarilla
> Fuera de juego   Afición   Regatear   Despejar el balón

18 Adivina adivinanza. Pensad en algún deporte. Vuestros compañeros os harán preguntas para adivinar cuál es. Solo podéis contestar Sí / No. Sigue las instrucciones de tu profesor.

19 En parejas. Mirad los dibujos y decid qué acciones ocurrieron en cada uno, utilizando el pretérito pluscuamperfecto.

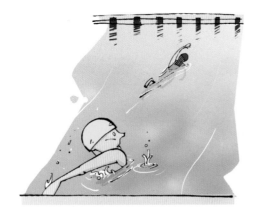

20 Completa la tabla.

Deporte	Deportista	Un objeto relacionado
	nadador	
tenis		
		bicicleta
		canasta
		esquís
atletismo		

21 Mira los dibujos y escribe un pequeño texto en pasado usando como mínimo los verbos y expresiones que te damos.

estar + gerundio

de repente

ver + pretérito pluscuamperfecto

unos minutos después

el gato + pretérito pluscuamperfecto

desde + periodo

El otro día ....
....
....
....
....
....

UN POCO DE TODO

22 ¿Con qué deportes relacionas estas cosas?

tenis	baloncesto	equitación	voleibol	béisbol	fútbol
ciclismo	esquí	hockey	voleiplaya	balonmano	golf

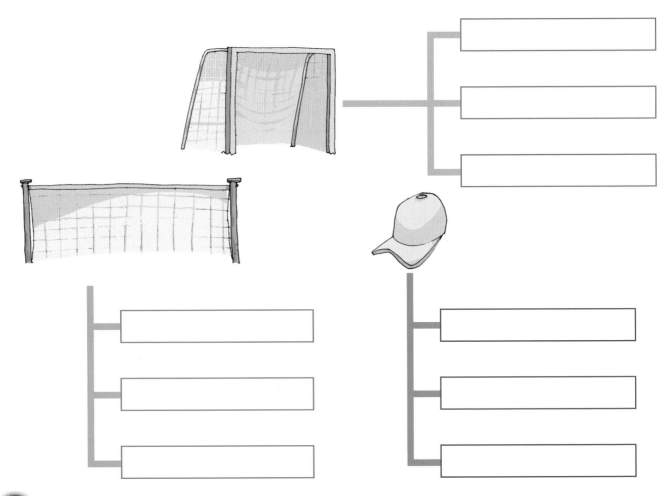

23 "Estar fuera de juego" y "regatear" tienen otros significados fuera del ámbito del deporte. Escribe debajo de cada dibujo a qué expresión crees que se refiere.

....

24 **Indica una acción anterior con los verbos entre paréntesis.**

1. Cuando encontré el paraguas .... *(parar)* de llover.

2. No .... *(salir)* el sol cuando me levanté.

3. Fuimos al aeropuerto a despedirla, pero el avión *(despegar)* .... ya.

4. No jugamos bien al tenis porque *(descansar)* .... poco.

5. Los jugadores *(entrar)* .... en los vestuarios cuando llegamos.

25 **Busca la palabra intrusa en cada serie.**

balón, pelota, raqueta, silla

portero, árbitro, delantero, defensa

baloncesto, fútbol, ajedrez, balonmano

26 **Completa el texto con *desde, desde hace, hace... que* y *llevar* + gerundio.**

Me gusta mucho ir al campo de fútbol y ver los partidos en directo. La verdad es que no he ido a un partido .... dos meses, concretamente .... junio. De todas formas .... mucho tiempo .... no veo un buen partido. El curso pasado suspendí dos asignaturas y .... *(estudiar, yo)* todo este mes de vacaciones. Si consigo aprobar, mi padre me llevará al parque de atracciones.

27 **Escribe *estar* + gerundio en pretérito imperfecto o perfecto simple, según convenga.**

1. El otro día *(estudiar, nosotros)* .... cuando llegó Marta.

2. Mientras *(jugar, yo)* .... al parchís, me empezó a doler la tripa.

3. El martes pasado mis amigos *(esquiar, ellos)* .... en la montaña. ¡Se lo pasaron muy bien!

4. ¡Qué fastidio! *(ver, yo)* .... una película en la tele cuando se fue la luz en toda la casa.

28 **Escucha y escribe *h* donde corresponda.**

......invierno   ......uir   ......umo

......ablar   ......oler   ......amor

......uyen   ......uida   zana......oria

......uérfano   re......izo   ......ermano

7 ¿SE PUEDE IR SIN CINTURÓN?

Pedir permiso o un favor. Dar instrucciones. Expresar prohibición. El Imperativo con pronombres átonos de CI y CD. *Se* impersonal. *Para* de utilidad. Vida social. Palabras esdrújulas.

1 Observa y lee estas viñetas.

Si vas en moto, utiliza casco. Póntelo.

No pierdas la cabeza.

Si vais a conducir, no bebáis.

Poneos el cinturón de seguridad. Usadlo. Abrocháoslo.

Vocabulario

casco
cinturón de seguridad
abrochar
molestar
permitir
peatón
paso de cebra
carril bici

No moleste.

En los hospitales no se puede gritar.

No fumar.

En los hospitales no se permite fumar.

2 Completa las tablas con expresiones de la viñeta anterior.

Instrucciones afirmativas	Instrucciones negativas	Prohibiciones

3 Escucha los siguientes diálogos y completa. Después, relaciónalos con las fotos.

a)

b)

c)

d)

1. –¿............................ si corro la cortina? Es que me da el sol.

–Por supuesto, córrala.

2. –¿...................... dejarme en el número 20 de la calle Rodríguez Pérez?

–Sí, claro, pero cierre bien la puerta del coche, por favor.

3. –¿............................ comer aquí dentro?

–Solo palomitas, pero no bocadillos o patatas fritas.

–De acuerdo, gracias.

4. –¿................................ la ventana? Es que me estoy mareando.

–Sí, claro, ahora mismo la abro.

1. Escucha otra vez. ¿En qué diálogos se piden favores y en cuáles se pide permiso?

....

....

2. Clasifica estas dos frases en *permiso* o *favor.*

¿Podemos salir un momento al servicio?

....

¿Me podrían dejar de paso en mi casa?

....

Disculpe. ¿Puede / Podría abrir la ventana?

¿Puedo / Podemos coger otro pastel?

¿Se puede comer aquí dentro?

¿Me permite?

A TRABAJAR

léxico / gramática

4 Escucha las siguientes instrucciones y añade las palabras que faltan.

1. .... el grifo y .... el agujero. .... la temperatura del agua. ...., y cuando esté llena .... en el agua. .... tu cuerpo con el agua caliente. Luego .... una esponja, ... tu cuerpo y........................ después.

2. .... el aparato. .... un vaso debajo. .... las naranjas por la mitad, ... una mitad encima del aparato y ....

3. .... la bebida y .... cuánto cuesta. .... la cantidad justa. .... el botón verde correspondiente a la bebida seleccionada. Saldrá por el cajón inferior.

¿Sabes?

Se expresa finalidad con para + Infinitivo.

Las gafas sirven para ver.

5 Cambia los verbos anteriores a las formas personales indicadas. Consulta el ¿Sabes?

1. (usted)
abre ....
tapona ....
comprueba ....
espera........................
métete ....
relaja ....
coge ....
frota ....
aclara ....

2. (ustedes)
enchufe ....
coloque ....
corte........................
ponga ....
sujétela........................

3. (vosotros)
selecciona ....
mira ....
introduce ....
pulsa ....

¿Sabes?

Imperativos regulares afirmativos

	CANTAR	BEBER	VIVIR
(tú)	canta	bebe	vive
(usted)	cante	beba	viva
(vosotros)	cantad	bebed	vivid
(ustedes)	canten	beban	vivan

Ref. pág. 94

6 Dibuja un aparato inventado por ti, di para qué sirve y da unas instrucciones de uso.

¿Sabes?

El Imperativo negativo se forma con el Presente de Subjuntivo.

Ref. pág. 94

7 **Lee y relaciona con lo que oigas.**

a) No pongas la tele tan alta. Los vecinos se enfadarán… ☐

b) No le llames. Todavía está en el trabajo. ☐

c) No pase por ahí. Está la calle cortada. ☐

d) Vale, pero no vengáis demasiado tarde. ☐

e) No, no fumen en el metro. Está prohibido. ☐

f) No le digáis a María nada de esto, ¿eh? ☐

¿De qué persona y verbo son los imperativos anteriores?

....

....

8 **Pon en imperativo las frases según el ejemplo y el ¿Sabes?**

Ej.: *(tú, dar a mí)* Da<u>me</u> la entrada del cine. → Dámela.

1. *(tú, ponerse)* .... el abrigo. → ....

2. *(vosotros, contar a él)* .... un cuento. → ....

3. *(usted, decir a ellas)* .... que no fui yo. → ....

4. *(ustedes, dar a mí)* .... el dinero. → ....

5. *(tú, no contar a ella)* .... eso. →

   ....

9 **Fíjate en el ¿Sabes? y pon las frases en forma impersonal.**

1. El periódico informa del mal tiempo.

   ....

2. En casa desayunamos mucho.

   ....

3. ¿Podemos entrar ya en el cine?

   ....

4. Por favor, ¿puedo pasar?

   ....

10 **Completa con los verbos en forma impersonal.**

1. *(Prohibir)* .... comer en el cine.

2. *(Vender)* .... pisos a buen precio.

3. *(Arreglar)* .... juguetes viejos.

4. *(Alquilar)* .... plazas de garaje.

¿Sabes?

Colocación de los pronombres personales con el Imperativo afirmativo:

me		
te		lo
se (le)	+	la
nos		los
os		las
se (les)		

Dile la verdad. → *Dísela.*
Dadme los libros. →
Dádmelos.
Pida la cuenta al camarero. → *Pídasela.*

Pero con el Imperativo negativo:

No le diga la verdad. →
No se la diga.
No me des los libros. →
No me los des.

Ref. págs. 94-95 G

¿Sabes?

SE impersonal

Se + verbo en 3.ª persona de singular:
Se vive bien en España.
Se aplaudió a los ganadores.
Se es feliz a veces.
No hay sujeto específico: Se = la gente, todos, las personas…

Observa:
1. *Se busca a la secretaria.*
2. *Se buscan secretarias* = *Se busca secretaria.*
En 1. la secretaria es CD → *Se la busca.*
En 2. secretarias concuerda con el verbo → *Las secretarias son buscadas.*
Cuando no aparece *a*, hay concordancia con el verbo.

FÍJATE BIEN

11 Escribe las palabras que oigas.

Ej.: *esdrújula* → *es-drú-ju-la.*

....

....

....

Ahora separa en sílabas las palabras anteriores.

> **¿Sabes?**
> En las palabras **esdrújulas** el acento recae en la antepenúltima sílaba.
> Todas ellas llevan tilde.
> **Ref. pág. 90**

12 Lee el *¿Sabes?* y relaciona estas columnas formando un imperativo con cada verbo. Ten en cuenta estas cuatro situaciones.

1. Corta	sela	**1.** *(Cortar, tú)* el pelo.
2. Haz	telo	**2.** *(Hacer, tú)* una tarta a mí.
3. Pone	oslo	**3.** *(Poner, vosotros)* el abrigo a vosotros.
4. Abre	mela	**4.** *(Abrir, tú)* la puerta a ella.

13 Forma imperativos esdrújulos con cada verbo.

Ej.: *comer (tú, pasteles)* → *cómelos.*

redactar *(tú, una carta)* ....

vender *(usted, el ordenador)* ....

copiar *(tú, las frases)* ....

elegir *(ustedes, la comida)* ....

escribir *(tú, a tus amigos)* ....

pedir *(usted, a la azafata)* ....

lavarse *(tú)* ....

dormirse *(usted)* ....

levantarse *(ustedes)* ....

> **¿Sabes?**
> La unión de un Imperativo con los pronombres átonos CI y CD forma una palabra esdrújula:
> *cómelo, díselo, coméoslo*
> o sobresdrújula:
> *págaselo, cósemelas*

14 Marca las palabras que oigas.

árbitro - arbitró	pónmelo - pomelo
tómate - tomate	maquina - máquina
sabana - sábana	pátina - patina
practica - práctica	limite - límite

TU LECTURA
comprensión lectora

15 Lee el texto.

En las grandes ciudades, cada vez es más difícil moverse por las calles. El número de vehículos crece día a día. Por ello, para poder desplazarnos todos sin problemas, se debe respetar la norma. Algunos consejos importantes son:

Para el peatón
- No camine por el bordillo de la acera, vaya lo más cerca posible de los edificios.
- Preste atención a las salidas de vehículos de los garajes.
- Cruce las calles por los pasos de cebra.
- Mire siempre antes de cruzar y hágalo en línea recta.

Para los jóvenes que van en bici
- Circulad por los carriles especiales y, si no los hay, id por la parte derecha de la calzada.
- Revisad la bicicleta antes de salir.
- De noche, encended las luces de la bici y llevad ropa de color llamativo.

Para el joven motorista
- Utiliza siempre el casco y llévalo abrochado.
- Circula siempre por la calzada, no te subas a la acera.

Para los automovilistas
- Respeten los semáforos y las señales de tráfico.
- Mantengan la distancia de seguridad.
- No superen el límite de velocidad.

16 Contesta a las preguntas.

1. ¿Qué no se debe hacer como peatón, motorista y automovilista?

....

....

....

2. ¿Qué tres consejos puedes dar a un amigo que monte en bici?

....

3. ¿Se puede ir en moto sin casco?

....

17 Escribe cuatro consejos más para circular, uno para cada uno.

Para el peatón: ....

Para los jóvenes que van en bici: ....

Para el joven motorista: ....

Para los automovilistas: ....

18 En grupos, pensad en cinco normas que deben respetar los peatones y conductores de cualquier vehículo en vuestro país. Exponedlas luego en clase.

¿Hay alguna norma distinta de las de España?

19 En parejas, pedid y conceded permiso en las siguientes situaciones.

✔ En clase: estás en un examen y necesitas sacar un pañuelo de tu mochila.

✔ En casa: quieres usar el monopatín de tu hermano.

✔ En el parque: quieres probar la bici nueva de tu amiga.

✔ En el hospital: quieres abrir la ventana porque hace mucho calor.

20 ¿Qué dices en las siguientes situaciones sociales? Fíjate en la primera viñeta.

¡Enhorabuena! ¡Que seáis muy felices!

🎧 Ahora, escucha y compara con tus expresiones.

práctica global

21 Lee estas frases y relaciónalas con los consejos que vas a oír.

a) Estoy muy enfadada. ☐

b) Me duele mucho la cabeza. ☐

c) ¡Tengo mucha hambre! ☐

d) No sé si coger el paraguas. ☐

e) ¡Se ha cerrado la puerta con las llaves dentro! ☐

f) No sé si llamar a María. ☐

g) Me apetece un helado de chocolate. ☐

22 Escribe las preguntas a estas respuestas. Tendrás que pedir un favor o permiso.

–¿...?
–Sal, pero vuelve pronto.

–¿...?
–Aquí tienes.

–¿...?
–Sí, quítala, no la estoy viendo.

–¿...?
–Sí, claro, ahora la limpio.

23 Lee estas "normas de educación" en la mesa y escribe tú otras socialmente correctas.

1. No te laves las manos antes de comer.

....

2. Habla con la boca llena de comida.

....

3. Pon los codos en la mesa.

....

4. Haz ruidos molestos con la bebida.

....

UN POCO DE TODO

24 Lee y da instrucciones a tu compañero utilizando el imperativo. Obtendréis el número mágico.

Alumno

1. Pensar un número.
2. Multiplicarlo por 2.
3. Sumarle 4.
4. Dividirlo por la mitad.
5. Restarle el número que has pensado al principio.
   El número que **te** queda es... ¡el 2!

Alumno

1. Pensar un número.
2. Multiplicarlo por 2.
3. Sumarle 6.
4. Dividirlo por la mitad.
5. Restarle el número inicial.
   El número que **te** queda es... ¡el 3!

25 En parejas, mirad los siguientes objetos y escribid para qué sirven.

....

....

....

....

....

....

26 En grupos, escribid esta receta. Utilizad imperativos y el *se* impersonal.

100 g de mantequilla	2 huevos
100 g de azúcar	1 cucharada de levadura
100 g de almendra picada	1 chorrito de coñac
250 g de harina	2 tabletas de 100 g de chocolate puro

Tarta de chocolate

✔ Derretir mantequilla al baño María.

✔ Rallar 1 tableta de chocolate y añadir.

✔ Agregar azúcar y revolver bien.

✔ Batir huevos y añadir.

✔ Mezclar harina y levadura e incorporar.

✔ Echar mitad de las almendras y el coñac.

✔ Untar el molde con mantequilla y verter la masa.

✔ Asar en el horno medio (200 °C) unos 45 minutos.

✔ Derretir el resto de chocolate y cubrir la tarta.

✔ Espolvorear por encima el resto de almendras.

27 **Escribe el imperativo con los pronombres adecuados.**

dar *(un libro, vosotros a ellos)* ....

comerse *(unas pastas, tú)* ....

regalar *(una agenda, tú a mí)* ....

hacer *(un dibujo, usted a nosotras)* ....

preguntar *(dudas, usted a él)* ....

poner *(una falda, tú a ella)* ....

pedir *(unas hojas, ustedes a nosotros)* ....

lavarse *(las manos, vosotros)* ....

escribir *(una carta, vosotras a mí)* ....

28 **Ahora escribe en forma negativa los verbos anteriores.**

SUSTITUYE POR PRONOMBRES Y PON EN NEGATIVO

1 No le deis el coche.
....

4 Pídannos las entradas.
....

7 Háganos un retrato.
....

2 No me regales la pluma.
....

5 Escribidme una carta.
....

8 Ponle a la niña la bufanda.
....

3 Pregúntale la hora.
....

6 Cómete las manzanas.
....

9 Lavaos las manos.
....

29 **Completa los diálogos.**

1. –¿.. este libro?

   –No, la ley no permite fotocopiar libros enteros.

2. –¿.. usted aquí abajo, por favor?

   –¿Dónde firmo? ¡Ah, sí, ya lo veo!

3. –¿Para qué es el cinturón de seguridad?

   .... y lo comprobarás. Sirve .... más seguro.

30 **Escucha y escribe las palabras que oigas.**

....

....

8 ¿POR QUÉ NO VAMOS AL CINE?

Planes y citas: proponer, aceptar, rechazar, quedar. Condicional simple. Oraciones subordinadas sustantivas. Géneros cinematográficos. La acentuación (repaso); la s / z.

1 Lee y completa con las palabras del vocabulario.

HOLA, MARÍA, ¿QUEDAMOS PARA IR AL CINE?

VALE, ¿POR QUÉ NO VAMOS A VER UNA PELÍCULA DIVERTIDA, UNA DE ....?

PERFECTO. NOS VEMOS AL LADO DE LA .... Y COMPRAMOS LAS ....

MUY BIEN. QUEDAMOS A LAS NUEVE ENFRENTE DE MI CASA, JUNTO AL CINE.

Vocabulario

quedar
cartelera
entradas
taquilla
versión original / doblada
una (película) de:
    risa (comedia)
    acción

....
....
....
....

....

2 Completa el vocabulario con más géneros cinematográficos.

PARA EMPEZAR

comprensión oral

3 Escucha los siguientes diálogos.

Marta: ¿Qué tal si vamos hoy al teatro? Ahora están representando una obra muy buena basada en la vida de Dalí.

Juan: No sé, prefiero ir al circo.

Marta: Sabes que odio el circo. ¿Y si vamos al museo de arte contemporáneo? Sé que ahora hay una exposición muy buena. ¿Te apetece ir a verla?

Juan: Está bien, pero mañana vamos al circo, ¿de acuerdo?

Marta: Vale, vale, tú ganas.

Pablo: ¿Quieres que vayamos al centro comercial? Allí hay unos multicines. He visto la cartelera en el periódico y hay películas muy interesantes.

Sonia: A mí me gustaría ver una película de intriga o de ciencia-ficción.

Pablo: ¿Y por qué no vemos una de risa, una comedia?

Sonia: Oh, no, no me apetece.

Pablo: ¿Y una de acción o de aventuras?

Sonia: Tampoco.

Pablo: ¿Y una película policíaca? Al lado del centro comercial hay un cine donde ponen una en versión original, como a ti te gusta.

Sonia: Estupendo. ¿Quedamos hoy a las ocho donde siempre?

Pablo: Muy bien. Como la película empieza a las nueve, nos da tiempo a comprar antes las entradas y tomar algo.

Sonia: Bueno, a lo mejor compro las entradas por Internet porque odio hacer cola.

Pablo: No suele haber cola en ese cine, pero haz lo que quieras.

Elige la opción correcta.

1. "Hay un cine donde ponen una película..." quiere decir:

a) En el cine se proyecta una película.

b) Hay un cine donde venden una película.

c) Es una película que me pone.

2. "¿Y si vamos al museo...?" significa:

a) Sí, vamos al museo.

b) No sé si iremos al museo.

c) Propongo ir al museo.

3. "¿Por qué no vemos una de risa, una comedia?" equivale a:

a) Porque no vemos dónde está la risa.

b) Propongo ir a ver una película de risa.

c) Te apetece ver una película de risa.

¿Qué tal si...?

¿Y si vamos...?

¿Por qué no vamos...?

¿Quieres que vayamos...?

¿Te apetece ir...?

¿Quedamos a las 8?

Me gustaría ir...

Prefiero ir...

Hacer cola.

Vale, tú ganas.

A TRABAJAR

léxico / gramática

4 **Subraya la forma correcta del verbo.**

1. –¿Qué hacemos hoy? A mí me apetecería / ha apetecido ir al cine.

   –De acuerdo. ¿Te gusta / gustaría ver la última de Almodóvar?

2. –Podremos / podríamos ir al centro comercial…

   –¿Por qué no lo dejamos para otro día? Yo preferiría / preferiré ir a ver una obra de teatro.

3. –Podréis / podríais venir a mi casa a jugar al ajedrez.

   –¡Estupendo! ¡A Juan y a mí nos encanta / encantaría!

¿Sabes?

El Condicional Simple de algunos verbos *(encantar, apetecer, gustar, preferir, poder)* se usa para proponer y aceptar un plan.

–*¿Te apetecería tomar algo?*
–*Sí, me encantaría.*

5 **Relaciona las dos columnas.**

Me gustaría	vamos al teatro?
Quiero que	veamos esa película?
¿Y si…	comer en un restaurante.
Prefiero	los museos.
¿Os apetece que	demos un paseo
A mí me encantan	el cine al teatro.
¿Te gustaría	quedar conmigo hoy?

6 **Fíjate en el *¿Sabes?* y completa las frases.**

1. Queremos *(tú, venir)* .... con nosotros, te lo pasarás muy bien.

2. ¿Os gustaría *(vosotros, subir)* .... a la sierra este fin de semana?

3. Prefiero *(nosotros, ir)* .... a un restaurante argentino, hoy me apetece *(yo, comer)* .... carne.

4. Nos encanta *(nosotros, ver)* .... espectáculos de teatro en la calle, son más divertidos.

5. ¿Te apetece *(tú, ir)* .... a bailar o prefieres *(nosotros, quedarse)* .... en casa?

¿Sabes?

Los verbos que expresan deseo, gustos y sentimientos van seguidos de:

• infinitivo, si el sujeto es el mismo.
Yo quiero ver la exposición del Museo del Prado.

• *que* + subjuntivo si el sujeto es diferente.
Yo quiero que (tú) veas la exposición del Museo del Prado.

Ref. págs. 92-93

7 Escribe una oración con cada par de verbos. Usa el infinitivo o el subjuntivo en función del sujeto.

querer / ir
preferir / salir   } mismo sujeto
gustar / ver

encantar / bailar
apetecer / venir   } distinto sujeto
desear / divertirse

....

....

....

....

....

....

8 Relaciona los sinónimos y di un ejemplo de cada género.

Película:

de dibujos animados
de risa
de amor
de vaqueros
de miedo
de llorar
de crímenes
de guerra

Película:

de cine negro
de terror
bélica
drama
de animación
comedia
del Oeste
romántica

9 Escucha y completa.

Carlos: .... al teatro; me gustaría ver una ....

o una buena ....

Antonio: A mí me aburre el ...., prefiero ver alguna buena

.... de pintura, escultura o fotografía.

Carlos: Me encanta .... la pintura. ¿Por qué no vamos esta

tarde a la .... que tiene mi hermano? Seguro que hay

alguna exposición interesante.

Antonio: Vale, pero antes vamos a comprar las .... para el

.... que hay mañana en la sala Miflor.

Carlos: ¿Es un concierto de pop?

Antonio: No, es de jazz.

FÍJATE BIEN

🎧 **10** Clasifica las palabras que oigas en agudas, graves o esdrújulas y pon la tilde donde sea necesario.

Agudas	Graves	Esdrújulas
....	....	....
....	....	....
....	....	....
....	....	....
....	....	....
....	....	....

Ahora completa:

Las palabras agudas llevan tilde ....

Las palabras graves llevan tilde ....

Las palabras esdrújulas llevan tilde ....

🎧 **11** Escucha y escribe los pares de palabras.
Despúes completa el *¿Sabes?*

....
....
....
....
....
....
....

¿Sabes?

El sonido [θ], que es diferente del sonido [s], se escribe en español:

... + e, i
... + a, o, u

¡Ojo!
En algunas zonas de España (Andalucía, Canarias) y en Hispanoamérica [θ] se pronuncia como [s]. Este fenómeno se conoce como *seseo* y nunca se refleja en la escritura.

🎧 **12** Escucha y completa las frases.

1. Es una .... que tiene un .... en el patio.

2. Este café deja muchos .... en la ....

3. El año .... la .... de inflación fue .... a lo previsto.

4. .... un .... y después lo ....

5. Yo pongo la .... de la ventana de la ....

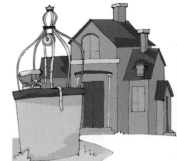

13 Lee el siguiente texto.

CASI EL 50% DE LOS ESPAÑOLES NO VA NUNCA AL CINE

Según un estudio sociológico publicado por la SGAE (Sociedad general de autores españoles), en España las mujeres prefieren ver películas románticas mientras que los hombres ven más películas de acción. El estudio revela también que el género cinematográfico preferido por los desempleados es el drama. A los niños les encantan las películas de acción y no las de aventuras, como sería previsible.

La asistencia a salas de cine ha alcanzado en España niveles bastante buenos, con una media de 3,6 visitas al año (la segunda tasa más alta de Europa, tan solo detrás de Islandia). Sin embargo, según los datos del estudio publicado por la SGAE, casi el 50% de los españoles confiesa no ir nunca al cine, y otro 25% admite que va solamente de manera esporádica. El principal motivo para no ir al cine es que la televisión pone muchas películas (eso es lo que dice el 30% de los que no van). Otras causas son el precio de la entrada, motivos familiares (tener que cuidar a los niños o a otros familiares), la mala oferta publicitaria (escasez de salas, cines alejados o donde hay que hacer grandes colas para entrar) y la tendencia cada vez mayor a alquilar películas de vídeo. Un pequeño porcentaje señala como motivo la "falta de información" sobre novedades cinematográficas.

El estudio recuerda que muchas producciones estadounidenses gastan un 50% del presupuesto de las películas en hacer publicidad, mientras que la industria española invierte muy poco en publicidad, entre el 7 y el 10%.

Cine por la red (texto adaptado): www.porlared.com

Marca verdadero o falso.

VERDADERO   FALSO

1. Los niños prefieren el drama y las aventuras. ☐ ☐
2. A los hombres les gusta el cine de acción. ☐ ☐
3. La gente no va mucho al cine porque es caro. ☐ ☐
4. En Islandia la gente va menos al cine que en España. ☐ ☐
5. El cine estadounidense invierte en publicidad más que el español. ☐ ☐

AHORA HABLA
expresión oral

14 **Debate sobre cine. En grupos contestad a estas preguntas.**

¿Vais mucho al cine?

¿Qué género cinematográfico os gusta más? ¿Por qué?

¿Preferís el cine o el vídeo? ¿Por qué?

¿Creéis que a los chicos les gustan las mismas películas que a las chicas?

Ahora haced una puesta en común y comparad los resultados.

15 **Juguemos a las películas. Pensad en una película y vuestros compañeros os harán preguntas para adivinar qué película es.**

¿De qué trata?

¿Quién trabaja en ella? / ¿Qué actores salen?

¿De qué género es?

¿Dónde está ambientada?

¿Por qué te gustó tanto?

¿Sabes?

Para hablar del argumento de una película, una obra de teatro, una novela o un cuento, decimos: *trata de...* o *va de...*, y lo contamos en presente o imperfecto de indicativo.

–¿De qué va la película?

–Trata de un niño que quiere / quería ser actor.

16 **Preparad una pequeña exposición sobre vuestro actor, actriz o director favoritos. Después la expondréis en clase.**

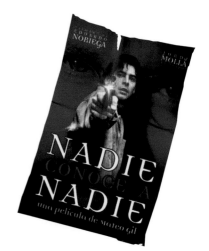

17 **En parejas, preparad un diálogo para quedar y salir juntos. Después lo representaréis en clase. Seguid este esquema.**

✔ Proponer un plan

✔ Sugerir otro

✔ Acordar hacer algo juntos

✔ Quedar a una hora en un sitio

18 **Relaciona las frases del mismo significado.**

¿A qué hora quedamos?

Prefiero quedar más tarde.

No sé si iré.

Seremos seis personas.

La película está doblada.

Te invito al cine.

Prefiero que nos veamos más tarde.

Te pago yo el cine.

¿A qué hora nos vemos?

La película no es en versión original.

Posiblemente no voy a ir.

Vamos a ir seis personas.

19 **Completa las frases.**

1. Esta tarde voy a ir a una exposición de fotografía. ¿Por qué no *(venir, tú)* .... conmigo?

2. La productora quiere *(trabajar)* .... Javier Bardem en esa película. Es un actor que *(encantar, a mí)* ....

3. Sí que me apetece *(ir, yo)* .... al club de tenis pero esta tarde no puedo. ¿Quieres *(ir, nosotros)* .... mañana?

4. ¿Prefieres *(quedarse, tú)* .... en casa o te apetece *(quedar, nosotros)* .... con tus amigos?

5. Queremos *(volver, vosotros)* .... pronto a casa.

6. Prefiero que la película no *(estar)* .... doblada. Me gusta *(ver, yo)* .... películas en versión original con subtítulos.

20 **Escucha y escribe debajo de cada dibujo el número de diálogo correspondiente.**

....

....

UN POCO DE TODO

21 Completa las palabras.

1. P _ _ _ C _ _ A
2. V _ _ _ O
3. C _ N C _ _ R _ O
4. _ X _ O _ I C _ _ _
5. _ C T _ R

6. _ _ S _ O
7. _ _ R T _ L _ R _
8. _ _ Q _ _ L _ A
9. T _ _ G _ D _ A
10. _ R _ M A

22 Busca la palabra intrusa.

1. ACTRIZ, CONCIERTO, DRAMA

2. QUEDAR, QUEDARSE, VERSE

3. HACER COLA, QUEDAR, ESPERAR

4. COMEDIA, RISA, TRAGEDIA

23 Completa el crucigrama.

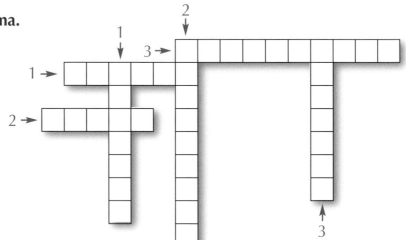

Horizontales:

1. Fijar una cita.
2. Película de vaqueros.
3. Persona que te lleva a tu butaca en el cine.

Verticales:

1. Para entrar en el cine compras una…
2. Tema de una película.
3. Lo contrario de versión original.

24 Escribe tres palabras agudas, tres graves y tres esdrújulas vistas en la lección.

Agudas	Graves	Esdrújulas
....	....	....
....	....	....
....	....	....

25 Escribe el condicional simple de estos verbos.

poder, él   ....   apetecer, yo   ....

preferir, yo   ....   encantar, nosotros   ....

gustar, ella   ....   preferir, vosotros   ....

poder, ustedes   ....   gustar, tú   ....

26 Haz oraciones siguiendo el modelo.

Ej.: *Preferir (él) / salir (nosotros) a tomar algo.*
     Prefiere que salgamos a tomar algo.

Encantar *(a mí)* / venir *(tú)* al cine conmigo.

....

Preferir *(nosotros)* / hacer *(vosotros)* los ejercicios en el cuaderno.

....

Querer *(yo)* / volver *(ella)* pronto del viaje.

....

A mis padres no gustar / ir *(yo)* a la discoteca.

....

¿Apetecer *(a ti)* / dar *(nosotros)* un paseo?

....

27 Escribe *quedar* o *quedarse* según corresponda.

1. Hoy *(yo)* .... con María para salir juntas.

2. *(Nosotros)* .... ayer en casa toda la tarde.

3. Aún no sabe cuánto tiempo *(él)* .... en Madrid.

4. Blanca y María .... siempre a la salida de clase.

5. Me gustaría .... más tiempo contigo, pero no puedo.

APÉNDICE GRAMATICAL

VERBOS: PRETÉRITO IMPERFECTO DE INDICATIVO

VERBOS REGULARES

	CANTAR	BEBER	VIVIR
Yo	cantaba	bebía	vivía
Tú	cantabas	bebías	vivías
Él / Ella / Usted	cantaba	bebía	vivía
Nosotros / Nosotras	cantábamos	bebíamos	vivíamos
Vosotros / Vosotras	cantabais	bebíais	vivíais
Ellos / Ellas / Ustedes	cantaban	bebían	vivían

VERBOS IRREGULARES

	VER	SER	IR
Yo	veía	era	iba
Tú	veías	eras	ibas
Él / Ella / Usted	veía	era	iba
Nosotros / Nosotras	veíamos	éramos	íbamos
Vosotros / Vosotras	veíais	erais	ibais
Ellos / Ellas / Ustedes	veían	eran	iban

USOS DEL PRETÉRITO IMPERFECTO

• **Descripción en el pasado:**

   a) personas y cosas (ciudades, objetos):

   -Mi abuelo tenía bigote y sus gafas eran de cristales gruesos.

   b) situaciones:

   -Estaba muy nervioso, porque tenía un examen y era muy difícil.

   • **Hablar de acciones y hechos habituales en el pasado:**

   -Cuando vivía en Italia comía todos los días pasta e iba a la escuela en bici.

   • **Hablar de antes (comparándolo con ahora):**

   -Antes la gente de las ciudades estaba más tranquila. Ahora están todos nerviosos.

   • **Edad en el pasado:**

   -Cuando tenía 2 años era un niño muy moreno.

PRETÉRITO PERFECTO COMPUESTO

VERBOS REGULARES

	MIRAR	DESAPARECER	VIVIR
Yo	he mirado	he desaparecido	he vivido
Tú	has mirado	has desaparecido	has vivido
Él / Ella / Usted	ha mirado	ha desaparecido	ha vivido
Nosotros / Nosotras	hemos mirado	hemos desaparecido	hemos vivido
Vosotros / Vosotras	habéis mirado	habéis desaparecido	habéis vivido
Ellos / Ellas / Ustedes	han mirado	han desaparecido	han vivido

VERBOS PRONOMINALES

	LEVANTARSE	PERDERSE	VESTIRSE
Yo	me he levantado	me he perdido	me he vestido
Tú	te has levantado	te has perdido	te has vestido
Él / Ella / Usted	se ha levantado	se ha perdido	se ha vestido
Nosotros / Nosotras	nos hemos levantado	nos hemos perdido	nos hemos vestido
Vosotros / Vosotras	os habéis levantado	os habéis perdido	os habéis vestido
Ellos / Ellas / Ustedes	se han levantado	se han perdido	se han vestido

VERBOS IRREGULARES

	HACER	VER	ESCRIBIR	DECIR
Yo	he hecho	he visto	he escrito	he dicho
Tú	has hecho	has visto	has escrito	has dicho
Él / Ella / Usted	ha hecho	ha visto	ha escrito	ha dicho
Nosotros / Nosotras	hemos hecho	hemos visto	hemos escrito	hemos dicho
Vosotros / Vosotras	habéis hecho	habéis visto	habéis escrito	habéis dicho
Ellos / Ellas / Ustedes	han hecho	han visto	han escrito	han dicho

Otros participios irregulares son:

abrir: abierto
volver: vuelto
poner: puesto
romper: roto
morir: muerto
descubrir: descubierto

PRETÉRITO PERFECTO SIMPLE

CONJUGACIÓN REGULAR

	AMAR	TEMER	UNIR
Yo	amé	temí	uní
Tú	amaste	temiste	uniste
Él / Ella / Usted	amó	temió	unió
Nosotros / Nosotras	amamos	temimos	unimos
Vosotros / Vosotras	amasteis	temisteis	unisteis
Ellos / Ellas / Ustedes	amaron	temieron	unieron

CONJUGACIÓN IRREGULAR

• *o > u* y *e > i* en la 3.ª **persona de singular y plural:** *dormir, morir, vestirse, seguir, conseguir, preferir servir, sentir, medir, pedir, reír, mentir, freír,* **etc.**

	DORMIR	SERVIR
Yo	dormí	serví
Tú	dormiste	serviste
Él / Ella / Usted	durmió	sirvió
Nosotros / Nosotras	dormimos	servimos
Vosotros / Vosotras	dormisteis	servisteis
Ellos / Ellas / Ustedes	durmieron	sirvieron

- **"y" en la 3.ª persona de singular y plural (normalmente son verbos con -ee- o con -ui-):** *Leer, creer, poseer, proveer, construir, instruir, huir,* etc.

	LEER	CONSTRUIR
Yo	leí	construí
Tú	leíste	construiste
Él / Ella / Usted	leyó	construyó
Nosotros / Nosotras	leímos	construimos
Vosotros / Vosotras	leísteis	construisteis
Ellos / Ellas / Ustedes	leyeron	construyeron

- **"j" en todas las personas (muchos verbos terminan en -ucir).** No llevan acento ortográfico porque todas las formas son palabras graves: *conducir, inducir, producir, traducir, decir, traer,* etc. En la 3.ª persona del plural desaparece la *-i* de la terminación: *-jeron*.

	TRADUCIR	DECIR	TRAER
Yo	traduje	dije	traje
Tú	tradujiste	dijiste	trajiste
Él / Ella / Usted	tradujo	dijo	trajo
Nosotros / Nosotras	tradujimos	dijimos	trajimos
Vosotros / Vosotras	tradujisteis	dijisteis	trajisteis
Ellos / Ellas / Ustedes	tradujeron	dijeron	trajeron

- **Verbos que cierran la vocal de la raíz. Tampoco tienen acento ortográfico en la terminación.**

poder	pude	pudiste	pudo	pudimos	pudisteis	pudieron
venir	vine	viniste	vino	vinimos	vinisteis	vinieron
poner	puse	pusiste	puso	pusimos	pusisteis	pusieron
querer	quise	quisiste	quiso	quisimos	quisisteis	quisieron
estar	estuve	estuviste	estuvo	estuvimos	estuvisteis	estuvieron
saber	supe	supiste	supo	supimos	supisteis	supieron
andar	anduve	anduviste	anduvo	anduvimos	anduvisteis	anduvieron
tener	tuve	tuviste	tuvo	tuvimos	tuvisteis	tuvieron
hacer	hice	hiciste	hizo	hicimos	hicisteis	hicieron

Los verbos *ser* e *ir* tienen la misma forma.

Yo	fui
Tú	fuiste
Él / Ella / Usted	fue
Nosotros / Nosotras	fuimos
Vosotros / Vosotras	fuisteis
Ellos / Ellas / Ustedes	fueron

	DAR	VER
Yo	di	vi
Tú	diste	viste
Él / Ella / Usted	dio	vio
Nosotros / Nosotras	dimos	vimos
Vosotros / Vosotras	disteis	visteis
Ellos / Ellas / Ustedes	dieron	vieron

ESTAR (PRETÉRITO PERFECTO SIMPLE) + GERUNDIO

Se usa para hablar de un hecho del pasado que duró un tiempo y referirse a él desde el punto de vista del desarrollo de la acción, frente al Pretérito Perfecto Simple, que sirve para hablar del hecho en sí y de cuándo ocurrió, pero no de su proceso o desarrollo:

-Ayer **estuve haciendo** un crucigrama. (Hace hincapié en la duración del hecho de hacer un crucigrama.)
-Ayer **hice** un crucigrama. (Lo importante es el hecho en sí mismo.)

ESTAR (PRETÉRITO IMPERFECTO) + GERUNDIO

También hace referencia al desarrollo de una acción del pasado pero en relación con otra acción pasada simultánea o con la circunstancia en que se produjo.

-**Estábamos leyendo** la información deportiva del periódico cuando empezó a llover.
-A esa hora **estaba tendiendo** la ropa.

PRETÉRITO PLUSCUAMPERFECTO

	CANTAR	**BEBER**	**VIVIR**
Yo	había cantado	había bebido	había vivido
Tú	habías cantado	habías bebido	habías vivido
Él / Ella / Usted	había cantado	había bebido	había vivido
Nosotros / Nosotras	habíamos cantado	habíamos bebido	habíamos vivido
Vosotros / Vosotras	habíais cantado	habíais bebido	habíais vivido
Ellos / Ellas / Ustedes	habían cantado	habían bebido	habían vivido

CONDICIONAL SIMPLE

	CANTAR	**BEBER**	**VIVIR**	**PODER**
Yo	cantaría	bebería	viviría	podría
Tú	cantarías	beberías	vivirías	podrías
Él / Ella / Usted	cantaría	bebería	viviría	podría
Nosotros / Nosotras	cantaríamos	beberíamos	viviríamos	podríamos
Vosotros / Vosotras	cantaríais	beberíais	viviríais	podríais
Ellos / Ellas / Ustedes	cantarían	beberían	vivirían	podrían

MARCADORES TEMPORALES

PARA RELACIONAR MOMENTOS DEL PASADO

Cuando hablamos de algo pasado y queremos explicar cosas anteriores o posteriores de ese pasado usamos:
al día/mes/año siguiente; a la semana siguiente
el día/mes/año anterior/antes; la semana anterior/antes
dos meses/días... después/más tarde
dos meses/días... antes

PARA INDICAR ACCIONES DURATIVAS

Para hacer referencia a periodos de tiempo durante los que tiene lugar una acción y centrar la atención en esa duración se emplea:

desde **+ momento concreto (fecha u hora):**
-Estoy estudiando desde las 3 / desde el mes pasado.

desde hace **+ periodo:**
-Estoy estudiando desde hace dos horas.

hace... que
-Hace tres años que no sale de casa.

llevar **+ gerundio / periodo**
-Juan lleva estudiando una hora / lleva una hora estudiando.

PRONOMBRES PERSONALES DE COMPLEMENTO DIRECTO

Yo → me   nosotros → nos
Tú → te   vosotros → os
Él, usted → lo/le   ellos, ustedes → los
Ella → la   ellas → las

1. *El café, ¿cómo lo quiere? ¿Solo o con leche?*

2. *¿Qué haces con estas manzanas?*
   *–**Las** estoy pelando para hacer una tarta.*

3. *Julio y Antonio, **os** esperamos mañana a las nueve.*

PRONOMBRES PERSONALES DE COMPLEMENTO INDIRECTO

Yo → me   nosotros → nos
Tú → te   vosotros → os
Él, ella, usted → le   ellos, ellas, ustedes → les

*¿**Te** gusta Picasso?*
*¿Qué **le** vas a regalar a Luis por su cumpleaños?*
*Mi abuelo siempre **me** contaba un cuento.*

INDEFINIDOS

Frases afirmativas	Frases negativas
algún / alguna algunos/as ⎫ + sustantivo *Algunos abrigos están sobre la cama.* *Pediré un bolígrafo a alguna compañera.*	ningún / ninguna + sustantivo *Ningún niño puede hacer esto.* *No puede entrar ninguna persona.*
alguno/a algunos/as *Me apetece una cerveza. ¿Queda alguna?*	ninguno/a *No queda ninguna.*
alguien (personas) *Alguien dijo que hoy es fiesta.* algo (cosa) *¿Quieres algo más?*	nadie (persona) *Nadie acompañó a mi amiga.* *No la acompañó nadie a casa.* nada (cosa) *No, gracias, nada más.*

REGLAS DE ACENTUACIÓN

- Las palabras agudas son aquellas cuyo acento de intensidad recae en la última sílaba: *pared, cartel, avión.*
- Las palabras graves o llanas tienen su acento de intensidad en la penúltima sílaba: *parte, rostro, lápiz.*
- Las palabras esdrújulas tienen su acento de intensidad en la penúltima sílaba: *sábana, pérgola, pálido.*
- Las palabras sobresdrújulas tienen su acento de intensidad en la antepenúltima sílaba: *trátamelo, córtamelas.*

- Las palabras agudas llevan tilde cuando la última sílaba termina en *n, s* o vocal: *cartón, chalés, menú.*
- Las palabras graves llevan tilde cuando la última sílaba no termina en *n, s* o vocal: *fácil, azúcar.*
- Las palabras esdrújulas se acentúan siempre: *bárbaro, púrpura, médico.*
- Las palabras sobresdrújulas se acentúan siempre: *tráigamelo, póngaselas.*

DIVISIÓN EN SÍLABAS

1. Una consonante entre dos vocales se une a la segunda vocal.
ca-sa; me-sa.

2. Si hay dos consonantes entre vocales, la primera consonante va con la vocal anterior y la segunda con la posterior.
sep-tiem-bre.

3. En los grupos *fr, fl, pr, pl, br, bl, gr, gl, tr, dr, cr, cl,* las dos consonantes van con la vocal que las precede.
cris-tal.

4. Las letras *ch, ll, rr* no se separan nunca.
pe-rro; o-cho; me-si-lla.

PREPOSICIONES DE MOVIMIENTO

- **Dirección:**
  -Voy a Madrid.
  -Pueden subir al avión una maleta pequeña.
  -El barco navega hacia el puerto.

- **Procedencia:**
  -Vengo de Madrid.
  -El tren saldrá de la vía 9.
  -Ha venido desde la playa en bici.

- **Movimiento de atravesar:**
  -Pasen por la puerta de embarque A5.

- **Movimiento de introducir y colocar:**
  -Entré en mi cuarto y encendí la luz.
  -El tren entrará en el andén 8.
  -Puedes poner la maleta en el portaequipajes.

VERBOS: FUTURO COMPUESTO

	ESTUDIAR	**COMER**	**VIVIR**
Yo	habré estudiado	habré comido	habré vivido
Tú	habrás estudiado	habrás comido	habrás vivido
Él / Ella / Usted	habrá estudiado	habrá comido	habrá vivido
Nosotros / Nosotras	habremos estudiado	habremos comido	habremos vivido
Vosotros / Vosotras	habréis estudiado	habréis comido	habréis vivido
Ellos / Ellas / Ustedes	habrán estudiado	habrán comido	habrán vivido

USOS DEL FUTURO COMPUESTO

- **Para expresar una acción futura anterior a otra futura:**
  -Cuando vengas, ya me habré ido.

- **Para indicar probabilidad en el pasado relacionada con el presente:**
  -No hay nadie, ¿habrán salido?
  -Se ha apagado la tele de repente, se habrá estropeado.

EXPRESAR PROBABILIDAD

EN EL PRESENTE

• **Futuro simple:**

-¿Cuántos años tendrá Juan? Tendrá... no sé... unos 20.

EN EL FUTURO

• **Futuro simple:**

-Dentro de 300 años viviremos en casas de cristal.

• ***ir a* + infinitivo:**

-Si seguimos así, en 2020 vamos a comer con pastillas.

• ***creer que* + futuro simple:**

-Creo que no habrá gasolina dentro de unos años.

• ***pensar / querer* + infinitivo:**

-A los 40 años pienso vivir en Nueva York y ser millonario.

• ***quizás / a lo mejor / seguramente / probablemente* + presente / futuro simple:**

-En vacaciones seguramente iré a la playa.
-A lo mejor me caso el año que viene.
-Quizás llega / llegará esta tarde.

EN EL PASADO

• **Futuro compuesto:**

-No sé si habrá pasado algo... Hay mucha gente en la calle.

VERBOS: PRESENTE DE SUBJUNTIVO

Se forma a partir del Presente de Indicativo, cambiando la vocal final del siguiente modo:

Verbos terminados en -ar > e

Verbos terminados en -er, -ir > a

	CANTAR	BEBER	ABRIR
Yo	cante	beba	viva
Tú	cantes	bebas	vivas
Él / Ella / Usted	cante	beba	viva
Nosotros / Nosotras	cantemos	bebamos	vivamos
Vosotros / Vosotras	cantéis	bebáis	viváis
Ellos / Ellas / Ustedes	canten	beban	vivan

Presenta las mismas irregularidades en la raíz verbal que el Presente de Indicativo:

• Los verbos que añaden una -g- en la 1.ª persona del singular del Presente de Indicativo, mantienen esa -g- en todas las personas del Presente de Subjuntivo: *hacer, decir, salir, tener, poner, venir, traer.*

	HACER	CONOCER	PONER	OFRECER	SALIR	PRODUCIR
Yo	haga	conozca	ponga	ofrezca	salga	produzca
Tú	hagas	conozcas	pongas	ofrezcas	salgas	produzcas
Él / Ella / Usted	haga	conozca	ponga	ofrezca	salga	produzca
Nosotros / Nosotras	hagamos	conozcamos	pongamos	ofrezcamos	salgamos	produzcamos
Vosotros / Vosotras	hagáis	conozcáis	pongáis	ofrezcáis	salgáis	produzcáis
Ellos / Ellas / Ustedes	hagan	conozcan	pongan	ofrezcan	salgan	produzcan

• Los verbos que cambian la vocal de la raíz en la 1.ª, 2.ª y 3.ª personas del singular y 3.ª del plural del Presente de Indicativo, mantienen esos cambios en el Presente de Subjuntivo:

e > ie, como *empezar, apretar, despertar, divertirse.*

o > ue, como *volver, mover, comprobar.*

e > i, como *pedir, seguir, decir, elegir.* En este caso cambia la vocal en todas las personas verbales.

• Otros verbos irregulares del Indicativo, también lo son en Subjuntivo: *ser, ir, saber.*

	SER	IR	SABER
Yo	sea	vaya	sepa
Tú	seas	vayas	sepas
Él / Ella / Usted	sea	vaya	sepa
Nosotros / Nosotras	seamos	vayamos	sepamos
Vosotros / Vosotras	seáis	vayáis	sepáis
Ellos / Ellas / Ustedes	sean	vayan	sepan

	DAR	ESTAR
Yo	dé	esté
Tú	des	estés
Él / Ella / Usted	dé	esté
Nosotros / Nosotras	demos	estemos
Vosotros / Vosotras	deis	estéis
Ellos / Ellas / Ustedes	den	estén

• En muchos casos, las formas del Presente de Subjuntivo sufren algún cambio ortográfico para acomodar la grafía a la pronunciación. Algunos ejemplos son:

Pagar, apagar: pague, apague.

Coger, recoger: coja, recoja.

Empezar, cruzar, disfrazar: empiece, cruce, disfrace.

IMPERATIVO

AFIRMATIVO

La persona *tú* del Imperativo es igual que la 3.ª persona singular del Presente de Indicativo. Y la persona *vosotros* es igual al Infinitivo cambiando la *-r* final por una *-d.*

	-ar	-er	-ir
(tú)	canta	bebe	abre
(vosotros)	cantad	bebed	abrid

Las personas *usted* y *ustedes* del Imperativo son iguales que la 3.ª persona singular y plural, respectivamente, del Presente de Subjuntivo. El plural es fácil de recordar, pues basta con añadir una *-n* al singular.

	-ar	-er	-ir
(usted)	cante	beba	abra
(ustedes)	canten	beban	abran

Hay algunos verbos que presentan formas irregulares en el singular *tú* y *usted* y el plural *ustedes.*

IR	HACER	PONER	SER	DECIR	SALIR	VENIR
ve	haz	pon	sé	di	sal	ven
vaya	haga	ponga	sepa	diga	salga	venga
vayan	hagan	pongan	sepan	digan	salgan	vengan

NEGATIVO

El Imperativo negativo utiliza las formas del Presente de Subjuntivo de las mismas personas verbales. Por tanto, para *usted / ustedes* solo se añade el adverbio *no* a la forma afirmativa del Imperativo.

	-ar	-er	-ir
(tú)	no cantes	no bebas	no abras
(vosotros)	no cantéis	no bebáis	no abráis
(usted)	no cante	no beba	no abra
(ustedes)	no canten	no beban	no abran

A veces podemos emplear la 1.ª persona del plural del Presente de Subjuntivo con un valor de imperativo:
Hagamos las cosas bien; No perdamos la esperanza.

IMPERATIVO CON PRONOMBRES

Tanto en el Imperativo afirmativo como en el negativo, cuando hay un pronombre CD y otro CI, se coloca primero el CI y después el CD.

El Imperativo afirmativo lleva los pronombres de CI o de CD unidos al verbo formando una sola palabra.

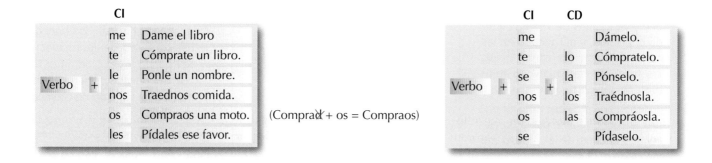

		CI	
		me	Dame el libro
		te	Cómprate un libro.
Verbo	+	le	Ponle un nombre.
		nos	Traednos comida.
		os	Compraos una moto.
		les	Pídales ese favor.

(Compra**d** + os = Compraos)

		CI		CD	
		me			Dámelo.
		te		lo	Cómpratelo.
Verbo	+	se	+	la	Pónselo.
		nos		los	Traédnosla.
		os		las	Compráosla.
		se			Pídaselo.

La 2.ª persona del plural, *vosotros,* pierde la *-d* del Imperativo delante del pronombre *-os: compraos, marchaos, sentaos.*

La combinación de los pronombres de CI *(le/les)* con los de CD *(lo/la/los/las)* resultan *se lo, se la, se los, se las.*

La 1.ª persona del plural con valor de imperativo de los verbos pronominales pierde la *-s* delante del pronombre *-nos: mar-chémonos, vayámonos.*

El Imperativo con pronombres convierte la palabra en esdrújula, por lo que siempre llevará tilde.

En el Imperativo negativo, los pronombres van situados antes del verbo, siguiendo el mismo orden, primero los de CI y luego los de CD.

-No se lo digas.
-No nos las regale.
-No os los pongáis.
-No se la traigan.

IMPERATIVO DE VERBOS PRONOMINALES

Los verbos pronominales forman el Imperativo afirmativo con el pronombre unido al verbo detrás de él. Por ejemplo:

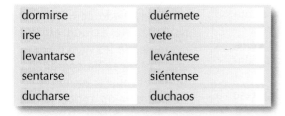

dormirse	duérmete
irse	vete
levantarse	levántese
sentarse	siéntense
ducharse	duchaos

TRANSCRIPCIONES

Ejercicio 3

Cuando yo era pequeño, mi padre y yo íbamos de vez en cuando al parque, y allí jugaba en los columpios con los otros niños. De tanto en tanto llevaba también mi bicicleta, que era azul.

Paseábamos a Sebastián, mi perro, y cuando llovía ponía un paraguas encima de él... ipero me mojaba yo, claro!

Me gustaba hacer puzles, pero generalmente tenía problemas con ellos. iMis padres compraban unos puzles muy difíciles!

También, algunas veces cogía el monopatín de mi hermano y saltaba por las montañas pequeñas del parque. Cada dos por tres me caía y luego mi padre decía: "El próximo día no traemos el monopatín! iEs demasiado peligroso para un niño tan pequeño como tú!".

El pobre Sebastián iba a todos los lugares conmigo, y cuando me caía... entonces él empezaba a llorar.

De pequeño tenía una habitación grande y luminosa, con muchos juguetes. Allí solía dormir mi perro, que a veces se escondía debajo de mi cama. Me gustaba dormir con la luz encendida. Mi madre solía arroparme por las noches y entonces me leía un cuento.

Ejercicio 4

(Se repite la audición.)

Ejercicio 14

1. chupete
2. tobogán
3. pelota
4. monopatín
5. normalmente
6. plátano
7. comba
8. fútbol
9. íbamos
10. águila
11. cantábamos
12. cristal
13. saltador
14. bruja
15. gato
16. balón
17. español
18. érase
19. camello
20. delfín

Ejercicio 20

1. felizmente
2. vaca
3. canicas
4. normalmente
5. pantalón
6. oveja
7. limón
8. barco
9. pared
10. reloj

Ejercicio 3

Locutor: iBuenas tardes amigos! Hoy, en el programa *Hablando se entiende la gente* vamos a comentar lo sucedido esta mañana en el barrio. ¿Sí? ¿Con quién tengo el gusto de hablar?

Dña. Ana: iHola, buenas tardes! Soy Ana. Vivo en el barrio y esta mañana ha ocurrido algo increíble en la calle. Llamo al programa para contarlo todo.

Locutor: Claro, claro... ¿Qué ha pasado?

Dña. Ana: iEs increíble! Esta mañana, a las 7, he oído unas voces muy fuertes y mucho ruido en la calle. Me he despertado y he encendido la luz. He mirado por la ventana. He tenido que hacer un gran esfuerzo para ver algo. De repente he visto a un hombre que corría por la calle. Ese hombre ha gritado algo así como "iHa desaparecido la calle!".

Locutor: iNo me diga!

Dña. Ana: He mirado hacia la calle y... iLo han robado todo!

Locutor: ¿De verdad?

Dña. Ana: El buzón, los bancos, los carteles de la farmacia, del banco y del cine, la estatua del parque... iHan robado mi barrio! iiiiTodo ha desaparecido!!!

Locutor: iNo me lo puedo creer!

Dña. Ana: Pues sí. Eso ha pasado...

Locutor: ¿Y entonces?

Dña. Ana: Nada más. Ha venido la policía y nos han preguntado a todos. Estamos muy asustados.

Locutor: iQué horror! iEn fin! Muchas gracias por su testimonio. iHasta pronto!

Dña. Ana: Adiós. Gracias.

Ejercicio 5

(Se repite la audición.)

Ejercicio 10

iHola a todos! Me llamo Patricia, y os voy a contar lo que he hecho hoy:

A las ocho me he despertado... iDemasiado temprano! ¿Verdad? Después de ducharme, veinte minutos más tarde, he desayunado con mi hermano Pepe. He estado en la escuela desde las nueve hasta la una. Entonces he cogido el autobús escolar y he ido a casa. Hemos comido todos juntos a las dos y media, y una hora después he hecho los deberes. A las seis he salido a la calle un rato, hasta las ocho y media. Luego he hablado con mi hermano y a las nueve hemos cenado. Me he acostado a las diez y media y he leído un poco en la cama (mi madre me ha regañado, pero... ime gusta tanto leer!). ¿Y mañana? Mañana es sábado: ino hay escuela! iHasta pronto!

Ejercicio 13

Madrid es, además de ciudad, comunidad autónoma y capital de España. El centro de Madrid es antiguo, con calles estrechas y desiguales. En el centro está situada la Puerta del Sol, conocida también como "kilómetro 0" porque a partir de allí se miden las distancias con el resto de España. Al norte de la comunidad hay montañas y pueblos muy bonitos. Al sur, el paisaje es diferente y no hay tantas montañas. Madrid es una ciudad activa y ruidosa, pues hay un tráfico muy intenso, sobre todo en el centro. Hay muchos lugares de diversión, si vienes a Madrid tienes muchas cosas interesantes que ver.

LECCIÓN 3

Ejercicio 3

Entrevistadora: Buenos días, señor. ¿Qué tal está?

Colón: Buenos días. Muy bien, gracias, gracias.

Entrevistadora: Antes de nada... ¿Dónde y cuándo nació usted?

Colón: Nací en Génova en el año 1451.

Entrevistadora: ¿Vivió siempre en Italia?

Colón: A los 15 años empecé a trabajar como marinero y en 1476 me trasladé a Portugal. Allí viví durante 10 años. Allí me casé y nació mi hijo Diego.

Entrevistadora: ¿Y cuándo decidió viajar a las Indias?

Colón: En 1485 me trasladé a Castilla con mi hijo y ofrecí el proyecto a los Reyes Católicos. Salí de Huelva en agosto de 1492 con tres carabelas: *la Pinta, la Niña* y *la Santa María.*

Entrevistadora: ¿Cuándo llegaron a tierra?

Colón: El 12 de octubre llegamos a Las Bahamas. Unos días después llegamos a Cuba, y el 6 de diciembre a La Española. En enero volvimos a España.

Entrevistadora: ¿Volvió más veces?

Colón: Sí, otras tres veces. En 1493 viajé por segunda vez: descubrí Puerto Rico y América del Sur. Cinco años más tarde, en el tercer viaje, descubrí las islas de Trinidad y Margarita. En el último viaje llegué a Honduras, Panamá y Jamaica. A los 53 años volví a España. Entonces me quedé allí para siempre.

Entrevistadora: Muchas gracias por esta entrevista tan interesante, Almirante.

Ejercicio 11

murió

conoció

cayó

dormir

color

trabajé

levantó

trasladé

hospital

Ejercicio 14

1. Mi padre creyó que el regalo era un reloj.

2. Anduve mucho tiempo y paré cuando me cansé.

3. Mi abuelo murió el mes pasado en Uruguay.

4. Conoció a su novio en Madrid cuando él vino aquí.

Ejercicio 22.1

Arnaldo Gómez nació en 1925 en París. A los 10 años él y su familia se trasladaron a España. Estudió en un colegio de Santiago de Compostela. A los 18 años fue a la universidad a estudiar Medicina. Allí se enamoró de Purita. Dos años después se casaron en la Catedral de Santiago. Poco después nació Arnaldito, su hijo. A los cinco años se separó de su mujer. Trabajó en un hospital. Se jubiló a los 65 años. Murió a los 70.

LECCIÓN 4

Ejercicio 3

Marquesa de Puturrú

1. ¿A las 11? Me acosté porque me dolía mucho la cabeza. Estuve charlando hasta las 10 y media con la condesa de Potosí, en su casa; es la vecina.

2. Porque Bautista, el mayordomo, empezó a gritar y me desperté asustada.

3. Hace unas semanas mi marido regañó a Bautista, el mayordomo, y se enfadaron mucho. Por lo tanto creo que ha sido una venganza de Bautista.

Condesa de Potosí, la vecina

1. Estuve tomando una copa con la vecina hasta las 10, aquí en mi casa. Después me duché y me acosté.

2. Porque oí ruidos en la calle. Me asomé por la ventana y vi a alguien que salía por la ventana.

3. Seguramente ha sido el marqués porque así puede cobrar el seguro del diamante, ya que está muy mal de dinero...

Bautista, el mayordomo

1. A las 11 estuve apagando las luces de la casa, pues siempre lo hago a esa hora.

2. Porque entré en el salón y vi la urna de cristal vacía. El marqués no estaba en casa, estaba con unos amigos, así que llamé yo a la policía.

3. Ha sido una venganza de la vecina, la condesa de Potosí. Como el marqués quería divorciarse de su mujer, la condesa le pidió casarse con ella, pero el marqués no quiso. Por eso pienso que ha sido ella.

Ejercicio 12

testimonio, sospechoso, lápiz, fútbol, túnel, estuvimos, semana, fácil, urna, débil

Ejercicio 13

ladrón, interesante, corazón, comí, difícil, robo, declaración, inútil, salí, sospecha

Ejercicio 15

- El inspector Pérez interrogó a los sospechosos. Alguno mintió en su declaración.
- Los culpables irán a la cárcel. Desde la ventana podrán ver un bonito árbol lleno de hojas verdes y el césped del jardín.
- Pablo me ha dicho que estuvo jugando al fútbol con el hijo del cónsul.

Ejercicio 29

misterio

acusado

sospechamos

descubrió

terror

útil

detener

enigma

interrogatorio

declaré

ladrón

detenido

LECCIÓN 5

Ejercicio 3.1

El tren procedente de Málaga y con destino a Barcelona hará su entrada en el andén número 2, vía 3. Para mayor rapidez, los pasajeros con billete deben subir a su vagón correspondiente. El revisor los ayudará a encontrar su asiento. Por favor, pongan sus maletas arriba, en el portaequipajes, para dejar libre el pasillo del vagón. Muchas gracias.

El vuelo de la compañía aérea Vuelosaire con destino a Río de Janeiro efectuará su salida a las 20:40 horas. Pasen por la puerta de embarque A3. Los mostradores de facturación de equipaje son los números 30, 31 y 32. Recordamos a los viajeros que solamente pueden subir al avión una maleta pequeña. Si tienen alguna duda, pregunten a la azafata del mostrador. Muchas gracias.

Ejercicio 5

- El autocar procedente de Bilbao viene con una hora de retraso.
- El tren con destino a Cádiz está situado en vía 5.
- Último aviso para los pasajeros del vuelo número 6784.
- Pasen por la puerta de embarque B1.
- Tu tren ha entrado en el andén 2.
- Comprueba el billete antes de subir al vagón.
- Mi asiento da al pasillo. Preguntaré al revisor si puedo cambiarme.
- Aún no sabemos si viajaremos en tren o en autocar.

Ejercicio 8

- ¿Qué hora es?
- Son las 8.

- ¿Qué hora es?
- Serán las 8.

- ¿Dónde está Juan?
- Debe de estar en casa.

- ¿Quiénes son esos?
- Tal vez son sus primos.

- ¿Qué pasará ahí?
- Ha habido un accidente.

- Esa chica es la novia de Pepe.

- Mi madre está muy seria. Estará enfadada conmigo.

Ejercicio 12

Hay ahí un chico que dice: "¡Ay!".

¡Ay!... ¡Qué daño! Me he sentado ahí, justo encima de un clavo que hay.

Hay que saludar a todas las personas que están ahí.

Ejercicio 13

1. águila
2. cigüeña
3. pingüino
4. iguana
5. yegua
6. anguila

Ejercicio 28

Guadalajara

cigüeña

águila

yegua

guacamole

bilingüe

pingüino

guijarro

lingüística

guepardo

LECCIÓN 6

Ejercicio 3

Mario: ¿Viste el partido de ayer?

Juan: No pude porque mi amiga Claudia estaba estudiando conmigo en casa. ¿Qué ocurrió?

Mario: El primer tiempo fue un poco aburrido, pero cuando llevaban jugando 5 minutos del segundo tiempo, Gustavo, el jugador del Buenavista...

Juan: ¡Ya sé quién es Gustavo...!

Mario: Vale, vale... Pues a los cinco minutos Gustavo robó el balón a Buitrago, del Casablanca, y corrió por todo el campo hasta la portería contraria. Mientras los demás futbolistas estaban mirando hacia un lado, él corría y corría hacia el lado contrario...

Juan: ¿Hubo fuera de juego?

Mario: No, porque Ricardo, el número 8 del Casablanca, se había dado cuenta de la jugada de Gustavo y había empezado a correr detrás de él. Cuando Gustavo metió el gol, Ricardo estaba a su la-

do, en línea, así que no hubo
fuera de juego.

Juan: ¿De verdad? ¡Increíble!
¡Qué suerte! ¿Y metieron
más goles?

Mario: No, pero el partido estuvo bien. La verdad es que
desde hace mucho tiempo no
había visto un partido tan
divertido...

Juan: ¿Sí? ¡Qué pena no verlo!
Además hace dos temporadas
que no gana el Buenavista.

Ejercicio 10

fiebre
brazo
obtener
servir
vizconde
cable
descubrir
nueva
vicepresidente
hervir
cantábamos
disolver
posibilidad
ambulancia
pasivo
bicolor
invitar
blanco

Ejercicio 12

1. había
2. hueso
3. chico
4. cacahuete
5. hombre
6. noche
7. oso
8. hielo
9. lechuga
10. hueco
11. olores
12. rehacer
13. huimos
14. hierro
15. olemos
16. inhumano
17. chaqueta

18. huelen
19. mechero
20. deshacer

Ejercicio 28

invierno
hablar
huyen
huérfano
huir
oler
huida
rehizo
humo
amor
zanahoria
hermano

LECCIÓN 7

Ejercicio 3

1.
–¿Le molesta si corro la corti-
na? Es que me da el sol.
–Por supuesto, córrala.

2.
–¿Puede dejarme en el número
20 de la calle Rodríguez Pérez?
–Sí, claro, pero cierre bien la
puerta del coche, por favor.

3.
–¿Se puede comer aquí dentro?
–Solo palomitas, pero no boca-
dillos o patatas fritas.
–De acuerdo, gracias.

4.
–¿Podría abrir la ventana? Es
que me estoy mareando.
–Sí, claro, ahora mismo la abro.

Ejercicio 3.1

(Se repite la audición.)

Ejercicio 4

1. Abre el grifo y tapona el agujero. Comprueba la temperatura del agua. Espera, y cuando esté llena métete en el
agua. Relaja tu cuerpo con el
agua caliente. Luego coge una
esponja, frota tu cuerpo y
aclara después.

2. Enchufe el aparato. Coloque
un vaso debajo. Corte las naranjas por la mitad, ponga
una mitad encima del aparato
y sujétela.

3. Selecciona la bebida y mira
cuánto cuesta. Introduce la
cantidad justa. Pulsa el botón verde correspondiente a
la bebida seleccionada. Saldrá por el cajón inferior.

Ejercicio 7

1. ¿Podemos fumar aquí?
2. Ya la bajo. Perdona.
3. ¿Se puede pasar por esta
calle?
4. Está bien. No le diremos
nada.
5. Mañana iremos a vuestra
casa.
6. Voy a llamar a Juan por teléfono.

Ejercicio 11

esdrújula
díselo
dámelo
bolígrafo
límite
fíjate
brújula
teléfono
búfalo
pídele

Ejercicio 14

árbitro
tómate
sabana
práctica
pónmelo
maquina
patina
límite

Ejercicio 20.1

¡Enhorabuena! ¡Que seáis muy
felices!

¡Felicidades! ¡Feliz cumpleaños!

No te preocupes. Aprobarás el
próximo examen.

¡Feliz Navidad y Próspero Año
Nuevo!

1. Pues come algo.

2. Cógelo, parece que va a llover.

3. Avisa al cerrajero.

4. Toma una aspirina y acuéstate.

5. Llámala, seguro que se alegrará.

6. No hay que enfadarse.

7. Busca una heladería y cómpratelo.

Ejercicio 30

dáselas

guapísimo

dínoslo

penúltima

cómodo

técnico

típico

kilómetro

periódico

rápido

América

química

LECCIÓN 8

Ejercicio 3

1.

Marta: ¿Qué tal si vamos hoy al teatro? Ahora están representando una obra muy buena basada en la vida de Dalí.

Juan: No sé, prefiero ir al circo.

Marta: Sabes que odio el circo. ¿Y si vamos al museo de arte contemporáneo? Sé que ahora hay una exposición muy buena. ¿Te apetece ir a verla?

Juan: Está bien, pero mañana vamos al circo, ¿de acuerdo?

Marta: Vale, vale, tú ganas.

2.

Pablo: ¿Quieres que vayamos al centro comercial? Allí hay unos multicines. He visto la cartelera en el periódico y hay películas muy interesantes.

Sonia: A mí me gustaría ver una película de intriga o de ciencia-ficción.

Pablo: ¿Y por qué no vemos una de risa, una comedia?

Sonia: Oh, no, no me apetece.

Pablo: ¿Y una de acción o de aventuras?

Sonia: Tampoco.

Pablo: ¿Y una película policíaca? Al lado del centro comercial hay un cine donde ponen una en versión original, como a ti te gusta.

Sonia: Estupendo. ¿Quedamos hoy a las ocho donde siempre?

Pablo: Muy bien. Como la película empieza a las nueve, nos da tiempo a comprar antes las entradas y tomar algo.

Sonia: Bueno, a lo mejor compro las entradas por Internet porque odio hacer cola.

Pablo: No suele haber cola en ese cine, pero haz lo que quieras.

Ejercicio 9

Carlos: Me apetece ir al teatro; me gustaría ver una tragedia o una buena comedia.

Antonio: A mí me aburre el teatro, prefiero ver alguna buena exposición de pintura, escultura o fotografía.

Carlos: Me encanta que te guste la pintura. ¿Por qué no vamos esta tarde a la galería de arte que tiene mi hermano? Seguro que hay alguna exposición interesante.

Antonio: Vale, pero antes vamos a comprar las entradas para el concierto que hay mañana en la sala Miflor.

Carlos: ¿Es un concierto de pop?

Antonio: No, es de jazz.

Ejercicio 10

restaurante

género

cine

película

carnaval

fiesta

cinematográfico

acción

cartelera

exposición

teatro

ficción

romántico

actor

Ejercicio 11

zumo / sumo

asar / azar

cierva / sierva

cima / sima

cocido / cosido

casar / cazar

caso / cazo

Ejercicio 12

1. Es una casa que tiene un pozo en el patio.

2. Este café deja muchos posos en la taza.

3. El año pasado la tasa de inflación fue superior a lo previsto.

4. Cazaron un ciervo y después lo asaron.

5. Yo pongo la maceta cerca de la ventana de la cocina.

Ejercicio 20

Diálogo 1

Marta: Hola, María, ¿te apetece ir esta tarde a ver una buena película?

María: Claro que sí. ¿Quedamos a las nueve?

Marta: Perfecto.

Diálogo 2

María: ¿Sabes cuánto tiempo llevo esperándote? Como has llegado tarde, ahora tenemos que hacer cola.

Marta: Lo siento mucho, perdóname.

Diálogo 3

María: Vamos rápido a sacar las entradas.

María: Queríamos dos entradas para la película de Almodóvar.

Taquillera: Aquí tienes.

Diálogo 4

Acomodador: Hola, ¿me dan las entradas, por favor? Síganme.

María: Gracias.

GLOSARIO

Este GLOSARIO traducido recoge alfabéticamente el vocabulario que los alumnos deben conocer al final del curso. Se han añadido algunos vocablos relacionados con el campo semántico de cada lección, diferenciándose tipográficamente con otro color. Al final del mismo se incluyen, por lecciones, los Giros y Expresiones estudiados en cada función comunicativa, añadiendo otros que pueden resultar de gran ayuda para el estudiante.

ESPAÑOL	INGLÉS	FRANCÉS	ALEMÁN	ITALIANO
A				
abrocharse	to fasten	s'attacher	anlegen	allacciarsi
accidente	accident	accident	Unfall	incidente
acera	pavement, sidewalk	trottoir	Bürgersteig	marciapiede
aclarar	to rinse	rincer	ausspülen	sciaquare
acomodador	usher	ouvreur	Platzanweiser	maschera
actor	actor	acteur	Schauspieler	attore
actriz	actress	actrice	Schauspielerin	attrice
acusación	accusation, charge	accusation	Beschuldigung, Anklage	accusa
acusado	defendant, accused	accusé	Angeklagte	accusato
acusar	to accuse, to charge	accuser	beschuldigen	accusare
aeropuerto	airport	aéroport	Flughafen	aeroporto
afición	supporters, fans	supporters	Fans, Anhängerschaft	tifoseria
almendra	almond	amande	Mandel	mandorla
alojarse	to stay	(se) loger	unterbringen, unterkommen	alloggiare
alquilar	to rent, to hire, to let	louer	mieten, vermieten	affittare, noleggiare
ambulancia	ambulance	ambulance	Krankenwagen	ambulanza
ampliar	to widen, to extend	agrandir, élargir	erweitern, vergrößern	ampliare, allargare
anciano	old man	vieillard	Greis	anziano
andén	platform	quai	Bahnsteig	binario, banchina
anoche	last night	hier soir, la nuit dernière	gestern Abend, gestern Nacht	ieri sera, ieri notte
anteayer	the day before yesterday	avant-hier	vorgestern	avant'ieri, ieri l'altro
apagar	to switch off, to turn off	éteindre	ausmachen, auslöschen	spegnere
aparecer	to appear, to turn up	apparaître	erscheinen, auftauchen	apparire
aperitivo	aperitif, snack	apéritif, amuse-gueule	Aperitif, Appetithappen	aperitivo
apetecer	to feel like	avoir envie	Lust haben	gradire, avere voglia
árbitro	referee	arbitre	Schiedsrichter	arbitro
argumento	plot, story line	intrigue, thème	Handlung	trama, soggetto
arreglar	to mend, to repair	réparer	reparieren, ausbessern	riparare
arropar	to wrap up, to tuck in	couvrir, emmitoufler	zudecken	coprire
artista	artist	artiste	Künstler, Schauspieler, Artist	artista
artístico	artistic	artistique	künstlerisch, kunstvoll	artistico
asiento	seat, place	siège, place	Sitz, Sitzplatz	sedile, poltrona, posto
aspa	sail	aile	Flügel	pala
aterrizaje	landing	atterrissage	Landung	atterraggio
aterrizar	to land	atterrir	landen	atterrare
atleta	athlete	athlète	Athlet	atleta
atletismo	athletics	athlétisme	Leichtathletik	atletica
atropellar	to run over	renverser, écraser	überfahren	investire
autocar	bus, coach	autocar	Reisebus	autopullman
automovilista	motorist	automobiliste	Autofahrer	automobilista
avanzar	to advance, to move forward	avancer	vorrückern	avanzare
aventura	adventure	aventure	Abenteuer	avventura
avión	plane, aircraft	avion	Flugzeug	aereo
ayer	yesterday	hier	gestern	ieri
azafata	air hostess, air stewardess	hôtesse de l'air	Stewardess	hostess
B				
babero	bib	bavoir	Lätzchen	bavaglino
bailarina	dancer	danseuse	Tänzerin	ballerina
balón	ball	ballon	Ball	pallone

ESPAÑOL	INGLÉS	FRANCÉS	ALEMÁN	ITALIANO
baloncesto	basketball	basket-ball	Basketball	pallacanestro
balonmano	handball	hand-ball	Handball	pallamano
banco	bench; bank	banc; banque	(Sitz)bank; Bank	panchina; banca
bañarse	to bath	se baigner	(sich) baden	bagnarsi
bar	bar	bar	Bar, Stehcafé	bar
barrio	neighbourhood, quarter	quartier	Viertel, Stadtteil	quartiere, rione
batir	to beat	battre	schlagen	sbattere
beso	kiss	baiser	Kuß	bacio
biberón	feeding bottle, baby's bottle	biberon	Saugflasche	poppatoio
biblioteca	library	bibliothèque	Bibliothek	biblioteca
bicicleta	bicycle	bicyclette	Fahrrad	bicicletta
biografía	biography	biographie	Biografie, Lebensgeschichte	biografia
boca de metro	subway (underground) entrance	bouche de métro	Eingang zur Metrostation	entrata del métro
bola	ball	boule	Kugel, Ball	palla, boccia, sfera
bordillo	curb, kerb	bordure	Bordstein	cordone, cordolo
bosque	wood	bois	Wald	bosco
bruja	witch	sorcière	Hexe	strega
búho	owl	hibou	Uhu	gufo
buzón	mailbox, letter box	boîte aux lettres	Briefkasten	buca

C

ESPAÑOL	INGLÉS	FRANCÉS	ALEMÁN	ITALIANO
caballo	horse	cheval	Pferd	cavallo
cabina de teléfono	telephone booth (box)	cabine téléphonique	Telefonzelle	cabina telefonica
cabra	goat	chèvre	Ziege	capra
caerse	to fall	se tomber	fallen	cadersi
cajero automático	cash dispenser	distributeur	Geldautomat	cassa continua
cajón	drawer	tiroir	Schublade	cassetto
calidad	quality	qualité	Qualität	qualità
calle	street, road	rue	Straße	via, strada
calzada	carriageway, road	chaussée	Fahrbahn	carreggiata
camello	camel	chameau	Kamel	cammello
campo	country, field	champ	Land, Feld	campagna
canasta	basket	corbeille	Korb	canestro, cesta
canicas	marbles	billes	Murmeln	biglie
cansado	tired	fatigué	müde	stanco
capitán	captain	capitaine	Hauptmann, Kapitän	capitano
cárcel	jail, prison	prison	Gefängnis	carcere, prigione
carril bici	cycleway	piste cyclable	Radweg	corsia ciclabile
cartelera	publicity board, listings, entertainment guide	porte-affiche, rubrique des spectacles	Kinoplakatwand, Veranstaltungsprogramm	cartellone, pagina degli spettacoli
carteles	bills, posters	affiches	Plakate	manifesti, cartelli
casarse con	to marry	se marier avec	heiraten	sposarsi con
casco	central area; helmet	centre-ville; casque	Innenstadt; Helm	centro (storico); casco
casualidad	chance, coincidence	hasard, coïncidence	Zufall, Zufälligkeit	caso, casualità
cazador	hunter	chasseur	Jäger	cacciatore
centro comercial	shopping centre, shopping mall	centre commercial	Einkaufszentrum	centro commerciale
centrocampista	midfield player	demi	Mittelfeldspieler	centrocampista
cerámica	pottery	céramique	Keramik	ceramica
cerdo	pig, pork	porc, cochon	Schwein	maiale
chupete	dummy, pacifier	sucette	Schnuller	succhiotto
churros	strips of fried dough	sorte de beignets allongés	frittiertes Spritzgebäck	frittelle
ciclismo	cycling, biking	cyclisme	Radsport	ciclismo
ciclista	cyclist	cycliste	Radfahrer	ciclista
cine	cinema	cinéma	Kino, Film	cinema
cinturón de seguridad	safety belt, seat belt	ceinture de securité	Sicherheitsgurt	cintura di sicurezza
circo	circus	cirque	Zirkus	circo
circular	to drive, to travel, to run	circuler	fahren	circolare
cocodrilo	crocodile	cocodrile	Kokodril	coccodrillo
columpio	swing	balançoire	Schaukel	altalena
comba	skipping rope	corde à sauter	Springseil	corda
comedia	comedy	comédie	Komödie, Lustspiel	commedia
comisaría	police station	commissariat, gendarmerie	Polizeiwache	questura
comisario	superintendent, captain	commissaire	Kommissar	commissario
competición	competition	compétition	Wettbewerb	competizione, gara

ESPAÑOL	INGLÉS	FRANCÉS	ALEMÁN	ITALIANO
comprender	to understand	comprendre	verstehen	capire
comprobar	to check	vérifier	nachprüfen, nachweisen	verificare
concierto	concert	concert	Konzert	concerto
conde	earl, count	comte	Graf	conte
conductor	driver	conducteur, chauffeur	Fahrer	autista
construir	to build	construire	bauen	costruire
contar	to tell	raconter	erzählen	raccontare
contenedor	container, skip	conteneur	Container	container
convertir	to convert, to turn	convertir, transformer	verwandeln, umwandeln	convertire, trasformare
convertirse en	to turn into, to become	se transformer en, devenir	sich verwandeln in, werden (zu)	trasformarsi in, devenire
córner	corner	corner	Ecke	corner
correr la cortina	to draw the curtain	tirer le rideau	den Vorhang zuziehen	tirare la tenda
cortar	to cut, to chop, to slice	couper	schneiden	tagliare
cortarse	to cut, to have... cut	se couper, se faire couper	sich schneiden	tagliarsi
creación	creation	création	Schaffung, Schöpfung	creazione
crear	to create	créer	erschaffen	creare
creer	to believe, to think	croyer	glauben, denken	credere
cristal	glass, crystal	verre, cristal	Glas, Kristall	vetro, cristallo
cruce	crossing	passage	Überweg	passaggio
cruzar la calle	to cross the street	traverser la rue	die Straße überqueren	attraversare la strada
cualidad	quality	qualité	Eigenschaft, Qualität	proprietà, qualità
cuento	tale, short story	conte	Kurzgeschichte, Märchen	racconto, fiaba
cuerda	rope, string	corde	Leine, Schnur, Seil	corda, fune
culpable (de)	guilty, culprit	coupable	schuldig, Schuldige	colpevole
cuna	cradle	berceau	Wiege	culla

D

deberes	homework	devoirs	Hausaufgaben	compiti
decidir	to decide	décider	entscheiden	decidere
decir	to say, to tell	dire	sagen	dire
decisión	decision	décision	Entscheidung	decisione
declaración	statement, testimony	déposition, déclaration	Aussage	deposizione
declarar	to give evidence, to testify	déposer, témoigner	aussagen	deporre, testimoniare
defensa	defense	défense	Verteidigung	difesa
delantero	forward	avant	Stürmer	attaccante, avanti
delfín	dolphin	dauphin	Delphin	delfino
delito	crime, offense	délit	Straftat, Vergehen	delitto
derretir	to melt	fondre	schmelzen	sciogliere
desaparecer	to disappear	disparaître	verschwinden	scomparire, sparire
descansar	to rest	se reposer	sich ausruhen	riposare
descanso	rest, half time, break	repos, mi-temps	Ausruhen, Halbzeit	riposo, intervallo
descapotable	convertible	décapotable	Kabriolett, aufklappbar	decappottabile
descubrimiento	discovery	découverte	Entdeckung	scoperta
descubrir	to find out, to discover	découvrir	entdecken, herausfinden	scoprire
despegar	to take off	décoller	starten	decollare
despertarse	to wake up	se réveiller	aufwachen	svegliarsi
desplazarse	to get about, to go, to travel	se déplacer	sich fortbewegen	spostarsi, muoversi
destino	destination	destination	Zielort, Bestimmungsort	destinazione
detención	arrest, detention	arrestation, détention	Verhaftung, Festnahme	arresto, detenzione
detener	to arrest, to detain	arrêter	verhaften, festnehmen	arrestare, trattenere
detenido	detainee, arrested person	détenu	Häftling, Verhaftete	detenuto
diamante	diamond	diamant	Diamant	diamante
dibujos animados	cartoons	dessins animés	Zeichentrickfilm	cartoni animati
director	director	réalisateur	Regisseur	regista
divertirse	to enjoy oneself	s'amuser	sich amüsieren	divertirsi
divorciarse de	to get divorced from, to divorce	divorcer de	sich scheiden lassen von	divorziare da
dorsal	number	dossard	Startnummer	numero
drama	drama	drame	Drama	dramma

E

elefante	elephant	éléphant	Elefant	elefante
empate	tie, draw	match nul	Unentschieden	pareggio
enamorarse de	to fall in love with	tomber amoureux de	sich verlieben in	innamorarsi di
encantador	charming, delightful	charmant	zauberhaft, bezaubernd	incantevole

ESPAÑOL	INGLÉS	FRANCÉS	ALEMÁN	ITALIANO
encender	to light, to switch on, to turn on	allumer	anzünden, anmachen, anschalten	accendere
enchufar	to plug in	brancher	anschließen, einstecken	collegare, allacciare
encontrar	to find	trouver	finden	trovare
enfadarse (con / por)	to get angry	se fâcher	sich ärgern, böse werden	arrabbiarsi
engañar	to cheat, to deceive	tromper	betrügen, trügen	ingannare, abbindolare
enigma	enigma, mystery	énigme	Rätsel	enigma
entrada	entrance; tickets	entrée; billets	Eingang; Eintrittskarten	entrata, ingresso; biglietti
entrenador	trainer, coach	entraîneur	Trainer	allenatore
entrenar	to train	entraîner	trainieren	allenare
entrevista	interview	interview	Interview	intervista
equipaje	luggage, baggage	bagage	Gepäck	bagaglio
escalera	stairs, staircase	escalier	Treppe	scala
escenario	stage	scène	Bühne	scenario, palcoscenico
esconderse	to hide	se cacher	sich verstecken, verbergen	nascondersi
escritor	writer	écrivain	Schriftsteller	scrittore
escultura	sculpture	sculpture	Skulptur, Plastik	scultura
esperar a	to wait for	attendre	warten auf	aspettare
esponja	sponge	éponge	Schwamm	spugna
esquí	skiing	ski	Ski	sci
esquiador	skier	skieur	Skiläufer	sciatore
esquiar	to ski	skier	Ski laufen	sciare
esquina	corner	coin	Ecke	angolo
estación	station	gare, station	Bahnhof, Station	stazione
estadio	stadium	stade	Stadion	stadio
estatua	statue	statue	Statue, Standbild	statua
estilo	style	style	Stil	stile
estrella	star	étoile, vedette, star	Stern, Star	stella, star
europeo	European	Européen, européen	Europäer, europäisch	europeo
evolucionar	to evolve, to develop	évoluer	(sich) entwickeln	evolversi
examinar	to examine	examiner, faire passer un examen	prüfen, untersuchen	esaminare, fare un esame
exposición	exhibition, show, exposition	exposition, exposé	Ausstellung, Darstellung	mostra, esposizione
exprimidor	squeezer, juicer	presse-agrume	Saftpresse, Entsafter	spremitoio
extraño	stranger, strange	étranger, étrange	Fremde, fremd	estraneo, strano

F

ESPAÑOL	INGLÉS	FRANCÉS	ALEMÁN	ITALIANO
facturación	registration, check-in	enregistrement	Gepäckaufgabe	registrazione
facturar	to register, to check in	enregistrer	aufgeben, einchecken	registrare
falta	foul	faute	Foul	fallo
fama	fame, reputation	célébrité, réputation	Ruhm, Ruf	fama, reputazione
famoso	famous, celebrity	célèbre, célébrité	berühmt, Berühmtheit	famoso
farmacia	chemist's, drugstore	pharmacie	Apotheke	farmacia
farola	streetlamp, lamppost	lampadaire, réverbère	Straßenlaterne	lampione
favor	favour	service	Gefallen	favore, cortesia
firmar	to sign	signer	unterschreiben	firmare
fiscal	district attorney, public prosecutor	procureur (de la République)	Staatsanwalt	pubblico ministero
frotar	to rub	frotter	reiben	sfregare
fuente	fountain	fontaine	Brunnen	fontana
fumador	smoker	fumeur	Raucher	fumatore
fumar	to smoke	fumer	rauchen	fumare

G

ESPAÑOL	INGLÉS	FRANCÉS	ALEMÁN	ITALIANO
galería de arte	art gallery	galerie d'art	Kunstgalerie	galleria d'arte
ganar	to win, to earn, to gain	gagner	gewinnen, verdienen	vincere, guadagnare
gato	cat	chat	Katze, Kater	gatto
gimnasio	gymnasium	gymnase	Turnhalle	palestra
glorieta	circus	rond-point	Rondell	piazzetta, largo
gobierno	government	gouvernement	Regierung	governo
gol	goal	but	Tor	goal
gradas	terraces	gradins	Sitzreihen	gradinate
grifo	tap	robinet	Hahn	rubinetto
gritar	to shout	crier	schreien	gridare

ESPAÑOL	INGLÉS	FRANCÉS	ALEMÁN	ITALIANO
H				
halcón	hawk, faucon	faucon	Falke	falco
heladería	ice-cream parlour	glacier	Eiscafé	gelateria
hiena	hyena	hyène	Hyäne	iena
hipopótamo	hippopotamus	hippopotame	Nilpferd	ippopotamo
hormiga	ant	fourmi	Ameise	formica
hospital	hospital	hôpital	Krankenhaus	ospedale
hotel	hotel	hôtel	Hotel	albergo
huella	footprint, fingerprint, trace	trace, empreinte	Fußabdruck, Fingerabdruck, Spur	orma, impronta, traccia
I				
inocente	innocent	innocent	unschuldig	innocente
inofensivo	inoffensive, harmless	inoffensif	harmlos	inoffensivo
inspector	inspector	inspecteur	Inspektor	ispettore
interesante	interesting	intéressant	interessant	interessante
interrogar	to question, to interrogate	interroger	verhören, vernehmen	interrogare
interrogatorio	questioning	interrogatoire	Verhör, Vernehmung	interrogatorio
introducir	to insert, to put into	introduire	hineinstecken	introdurre, mettere
investigar	to investigate	enquêter	untersuchen	indagare
isla	island	île	Insel	isola
J				
jubilarse	to retire	prendre sa retraite	in Rente (Pension) gehen	andare in pensione, ritirarsi
juez	judge	juge	Richter	giudice
juez de línea	linesman	juge de touche, juge de ligne	Linienrichter	guardalinee
jugador (deporte)	player	joueur	Spieler	giocatore
jugar a	to play	jouer à	spielen	giocare a
juguete	toy	jouet	Spielzug	giocattolo
K				
kilómetro	kilometer	kilomètre	Kilometer	chilometro
L				
ladrón	burglar, thief	voleur	Dieb	ladro
llorar	to cry	pleurer	weinen	piangere
lobo	wolf	loup	Wolf	lupo
loco	mad, crazy, madman	fou	wahnsinnig, verrückt, Verrückte	pazzo, matto
loro	parrot	perroquet	Papagei	pappagallo
luna	moon	lune	Mond	luna
M				
maleta	suitcase	valise	Koffer	valigia
manga	sleeve	manche	Ärmel	manica
mantequilla	butter	beurre	Butter	burro
manzana	apple	pomme	Apfel	mela
mar	sea	mer	See, Meer	mare
marcador	scoreboard	tableau d'affichage	Anzeigetafel	tabellone, segnapunti
marearse	to go dizzy	avoir la tête qui tourne, avoir mal au coeur	schwindlig werden	venire un capogiro
marqués	marquess	marquis	Markgraf	marchese
masticar	to chew	mâcher	kauen	masticare
matar	to kill	tuer	töten, umbringen	uccidere, ammazzare
mayordomo	butler	majordome	Hausverwalter	maggiordomo
mentira	lie	mensonge	Lüge	bugia
mezclar	to mix	mélanger	mischen	mischiare, mescolare
misterio	mystery	mystère	Geheimnis	mistero
mojarse	to get wet, to wet	se mouiller	naß werden / bekommen	bagnarsi, infradiciarsi
molestar	to bother, to disturbe	gêner, déranger	stören, belästigen, ärgern	disturbare
molino	mill	moulin	Mühle	mulino
moneda	coin, currency	pièce, monnaie, devise	Münze, Währung	moneta, valuta

ESPAÑOL	INGLÉS	FRANCÉS	ALEMÁN	ITALIANO
monopatín	skateboard	planche à roulettes	Skateboard	skateboard
montaña	mountain	montagne	Berg	montagna
montañismo	mountaineering	alpinisme	Bergsteigen	alpinismo
moraleja	moral	morale	Moral	morale
morir	to die	mourir	sterben	morire
mostrador	counter, bar, check-in desk	comptoir	Ladentisch, Theke, Schalter	banco
motorista	motorcyclist	motocycliste	Motorradfahrer	motociclista
mudarse de	to move (house)	déménager	umziehen	cambiare casa
multicines	multiscreen cinema	complexe multisalles	Kino (mit mehreren Sälen)	multisala
mundial	worldwide, world	mondial	Welt-, weltweit	mondiale
muñeca	doll; wrist	poupée, poignet	Puppe, Handgelenk	bambola, polso
museo	museum	musée	Museum	museo, galleria

N

nacer	to be born	naître	geboren werden	nascere
nadador	swimmer	nageur	Schwimmer	nuotatore
nadar	to swim	nager	schwimmen	nuotare
nadie	nobody, anybody	personne	niemand	nessuno
narrar	to tell, to relate	raconter	erzählen	raccontare, narrare
natación	swimming	natation	Schwimmen	nuoto
novio	boyfriend, fiancé, bridegroom	fiancé	Freund, Bräutigam	fidanzato

O

objetivo	aim, objective, goal	objectif	Ziel, Zweck	scopo, obiettivo
obra de teatro	play	pièce de théâtre	Theaterstück	opera di teatro
ofrecer	to offer	offrir	(an)bieten	offrire
ópera	opera	opéra	Oper	opera
oso	bear	ours	Bär	orso
oveja	sheep	brebis	Schaf	pecora

P

pájaro	bird	oiseau	Vogel	uccello
papilla	pap	bouillie	Brei	pappa
parada de autobús	bus stop	arrêt d'autobus	Bushaltestelle	fermata d'autobus
paraguas	umbrella	parapluie	Regenschirm	ombrello
parque	park	parc	Park	parco
partido (deporte)	match, game	match	Spiel	partita
pasaje	ticket, passengers	billet, passagers	Fahrkarte, Passagiere	biglietto, passeggeri
pasajero	passenger	passager	Passagier	passeggero
pasear	to go for a walk, to walk	promener	spazieren gehen	passeggiare
pasear a	to take… for a walk	promener	spazieren führen	portare a spasso
pasillo	corridor, aisle	couloir	Korridor, Flur	corridoio
paso de cebra	zebra crossing	passage clouté, passage pour piétons	Zebrastreifen	passaggio zebrato
pastor	shepherd	berger	Hirt	pastore
pato	duck	canard	Ente	anitra
peatón	pedestrian	piéton	Fußgänger	pedone
pedir	to ask (for), to order	demander, commander	bitten, bestellen	chiedere, ordinare
película	film, movie	film	Film	film
peligroso	dangerous	dangereux	gefährlich	pericoloso
pelota	ball	balle, ballon	Ball	palla
peluche	cuddly toy	peluche	Plüschtier	peluche
peluquería	hairdresser's	salon de coiffure	Friseursalon	salone del parrucchiere
peluquero	hairdresser	coiffeur	Friseur	parrucchiere
perder	to lose, to miss	perdre, rater	verlieren, verpassen	perdere
perder (un partido)	to lose	perdre	verlieren	perdere
perderse	to get lost	s'y perdre	sich verlaufen, verirren	perdersi, smarrirsi
periódico	newspaper	journal	Zeitung	giornale
periodo	period	période	Zeitraum, Zeit	periodo
permiso	permission	permission	Erlaubnis	permesso
permitir	to allow, to permit	permettre	erlauben	permettere
personaje	character	personnage	Person, Gestalt	personaggio
pez	fish	poisson	Fisch	pesce
piloto	pilot, driver	pilote	Pilot, Fahrer	pilota
pintura	painting	peinture	Malerei	pittura

ESPAÑOL	INGLÉS	FRANCÉS	ALEMÁN	ITALIANO
piscina	swimming pool	piscine	Schwimmbad	piscina
pista	trail; clue; landing strip	trace, indice, piste (d'atterrissage)	Spur, Landebahn	traccia, pista (d'atterraggio)
playa	beach	plage	Strand	spiaggia
pobre	poor	pauvre	arm	povero
pódium	podium	podium	Podium	podio
polideportivo	sports center	palais omnisports, centre sportif	Sportzentrum	centro polisportivo
político	politician, political	politicien, politique	Politiker, politisch	politico
portaequipaje	luggage rack	compartiment à bagages	Gepäckablage	portabagagli
portería	goal	but	Tor	rete, porta
portero (deporte)	goalkeeper	gardien de but	Torwart	portiere
preocuparse (de / por)	to worry (about)	s'inquiéter, se préoccuper	sich Sorgen machen	preoccuparsi
presupuesto	budget	budget	Haushalt, Etat, Budget	preventivo, budget
prever	to foresee, to forecast	prévoir	vorhersehen	prevedere
probablemente	probably	probablement	wahrscheinlich	probabilmente
procedencia	origin, place of origin	provenance	Herkunft, Ort der Herkunft	provenienza
productor	producer	producteur	Produzent	produttore
prohibir	to forbid, to ban	interdire	verbieten	vietare
proyecto	plan, project	projet	Plan, Projekt	progetto
pueblo	village	village	Dorf	paese, villaggio
puzle	puzzle	puzzle	Puzzle	puzzle

Q

ESPAÑOL	INGLÉS	FRANCÉS	ALEMÁN	ITALIANO
quedar (con)	to have a date (with)	prendre rendez-vous (avec)	(mit) verabredet sein	dare appuntamento (a)
quedarse en	to stay (at, in), to remain (in)	rester (à, en)	bleiben (zu, in)	restare (a)
quiosco	newstand	kiosque	Kiosk	edicola
quizá(s)	perhaps, maybe	peut-être	vielleicht	forse

R

ESPAÑOL	INGLÉS	FRANCÉS	ALEMÁN	ITALIANO
radio	radio	radio	Radio	radio
raqueta	racket	raquette	Racket	racchetta
reaccionar	to react	réagir	reagieren	reagire
realizar	to carry out, to make, to perform	réaliser, faire	verwirklichen, ausführen	realizzare, fare
recorrer	to cover, to go all over	parcourir	zurücklegen, durchreisen	percorrere, girare
red	net	filet	Netz	rete
reformar	to reform	réformer	reformieren	riformare
refresco	drink, refreshment	rafraîchissement	Erfrischung	bibita fresca
reírse (de)	to laugh	rire	lachen	ridere
relacionarse	to be related	avoir rapport	zusammenhägen	avere relazione
relajarse	to relax	se détendre	sich entspannen	rilassarsi, distendersi
representar (una obra)	to perform	jouer	aufführen	rappresentare
respirar	to breathe	respirer	atmen	respirare
responder	to answer	répondre	antworten	rispondere
respuesta	answer	réponse	Antwort	risposta
resumir	to sum up, to summarize	résumer	zusammenfassen	riassumere, compendiare
retroceder	to go back, to move back	reculer	zurückgehen	retrocedere
revisor	ticket inspector, conductor	contrôleur	Schaffner	controllore
rico	rich	riche	reich	ricco
robar	to steal, to rob	voler	rauben, stehlen	rubare
robo	theft, burglary, robbery	vol	Raub	furto
romperse	to break	se casser, se briser, se rompre	sich brechen	rompersi
roto	broken	rompu, cassé, brisé	zerbrochen	rotto
rueda	wheel	roue	Rad	ruota
ruido	noise	bruit	Geräusch, Lärm	rumore, chiasso

S

ESPAÑOL	INGLÉS	FRANCÉS	ALEMÁN	ITALIANO
sabor	taste, flavor	goût, saveur	Geschmack	sapore
salida	exit, way out	sortie	Ausgang	uscita
saltador	jumper	sauteur	Springer	saltatore
saltar	to jump, to leap	sauter	springen	saltare
seleccionar	to choose, to select	sélectionner	auswählen	selezionare, scegliere
semáforo	traffic light	feu	Verkehrsampel	semaforo

ESPAÑOL	INGLÉS	FRANCÉS	ALEMÁN	ITALIANO
senderismo	trekking	randonnée	Wandern	sentierismo, trekking
señal de tráfico	traffic sign	panneau (de signalisation)	Verkehrszeichen	segnale / cartello stradale
sonajero	rattle	hochet	Rassel	sonaglio
sospecha	suspicion	soupçon	Verdacht, Verdächtigung	sospetto
sospechar (de)	to suspect	soupçonner	verdächtigen, vermuten	sospettare
sospechoso	suspect, suspicious	suspect	Verdächtiger, verdächtig	sospettato, sospetto
subtítulos	subtitles	sous-titres	Untertitel	sottotitoli
suceder	to happen	arriver, se passer	geschehen	accadere, succedere
suceso	event, incident	événement, incident	Ereignis, Vorfall	avvenimento, evento
sujetar	to hold	tenir, attacher	festhalten, festmachen	afferrare, trattenere
suspense	suspense	suspense	Spannung	suspense

T

tal vez	perhaps, maybe	peut-être	vielleicht	forse
taponar	to plug	boucher	verstopfen	tappare
taquilla	ticket office	guichet	Kasse, Schalter	biglietteria
teatro	theater	théâtre	Theater	teatro
tenis	tennis	tennis	Tennis	tennis
testificar	to testify	témoigner	aussagen, erklären	testimoniare
testigo	witness	témoin	Zeuge	testimone
testimonio	testimony	témoignage	Aussage, Erklärung	testimonianza
típico	typical	typique	typisch	tipico
tobogán	chute, slide	toboggan	Rutsche	toboga, scivolo
torre	tower	tour	Turm	torre
traer	to bring	apporter, amener	bringen	portare
tráfico	traffic	circulation	Verkehr	traffico
tragedia	tragedy	tragédie	Tragödie	tragedia
trasladarse a	to go to, to travel to	se déplacer	sich begeben	spostarsi
tratado	treaty	traité	Vertrag	trattato
tren	train	train	Zug	treno

U

último	last, last one	dernier	letzte, Letzter	ultimo
único	only, unique	seul, unique	einzig	unico, solo
universidad	university	université	Universität, Hochschule	università
untar	to spread, to grease	tartiner, étaler, enduire	bestreichen, einfetten, eincremen	ungere
urna	display case	vitrine	Schaukasten	vetrina, vetrinetta

V

vaca	cow	vache	Kuh	mucca
vagón	car, carriage, wagon	voiture, wagon	Wagen, Waggon	carrozza, vagone
valioso	valuable	précieux	kostbar, wertvoll	prezioso, costoso
vecino	neighbour	voisin	Nachbar	vicino
vehículo	vehicle	véhicule	Fahrzeug	veicolo
venganza	revenge, vengeance	vengeance	Rache	vendetta
vengarse (de)	to take revenge for	se venger de	sich rächen für	vendicarsi di
venir	to come	venir	kommen	venire
vía	track, line	voie	Gleis	binario
viaje	trip, journey, travel	voyage	Reise	viaggio
viajero	traveller, passenger	voyageur	Reisender, Fahrgast	viaggiatore
viejo	old, old man	vieux, vieillard	alt, Alte	vecchio
visitar	to visit	visiter	besuchen, besichtigen	visitare
voleibol	volleyball	volley-ball	Volleyball	pallavolo, volley-ball
volverse	to become	devenir	werden	diventare
vuelo	flight	vol	Flug	volo

Y

yoyó	yo-yo	yo-yo	Jo-Jo	yo-yo

Z

zoo	zoo	zoo	Tiergarten, Zoo	zoo

GIROS Y EXPRESIONES

ESPAÑOL	INGLÉS	FRANCÉS	ALEMÁN	ITALIANO

Lección 1. Cuando yo era pequeño

ESPAÑOL	INGLÉS	FRANCÉS	ALEMÁN	ITALIANO
Érase una vez / Había una vez	Once upon a time	Il était une fois	Es war einmal	C'era una volta
De pequeño	As a child	Quand j'étais petit	Als ich klein war	Da piccolo
De mayor	As a grown-up, as an adult	Quand j'ai été grand	Als Erwachsene	Da adulto
De vez en cuando	From time to time	De temps en temps	Ab und zu	Di ogni tanto
De tanto en tanto	Now and then	De temps à autre	Von Zeit zu Zeit	Di tanto in tanto
Generalmente	Generally	Généralement, en général	Im Allgemeinen	In genere
Algunas veces	Sometimes	Quelquefois	Manchmal	Qualche volta
Cada dos por tres	All the time	À tout bout de champ	Dauernd	Ripetutamente
De Pascuas a Ramos	Once in a blue moon	Tous les trente-six du mois	Sehr selten	A ogni morte di papa
De higos a brevas	Once in a while	De temps à autre	Nur alle Jubeljahre einmal	Di rado, ogni tanto

Lección 2. ¿Qué ha pasado hoy en el barrio?

ESPAÑOL	INGLÉS	FRANCÉS	ALEMÁN	ITALIANO
¡No me digas / diga!	You don't say!	Ça alors!, sans blague!	Was du nicht sagst! / was Sie nicht sagen!	Non mi dire / dica!
¿De verdad?	Really?	C'est vrai?, vraiment?	Wirklich?	Davvero?
¡No me lo puedo creer!	I can't believe it!	Ce n'est pas vrai!	Das glaube ich nicht!	Non posso crederci!
¡Anda ya! / ¡Venga!	Go on! / Get away with you!	C'est pas vrai! / Pas possible!	Sag bloß!	Piantala!
¡Qué bueno!	That's is a good one!	Elle est bonne celle-là!	Das ist gut!	Che bello!
¿Y entonces?	And then what?	Et ensuite? / Et alors?	Und dann?	E allora?
¡Qué horror!	How horrible!	Quelle horreur!	Wie entsetzlich!	Che orrore!
De repente…	Suddenly…	Soudain…, tout à coup…	Plötzlich…	Improvvisamente…, d'improvviso…
Se encuentra entre…	It/he/she is between…	Il/elle se trouve entre…	Es/er/sie befindet sich zwischen…	Si trova entre
A la vuelta de la esquina	Around the corner	Au coin de la rue	Um die Ecke	Dietro l'angolo

Lección 3. Cuéntanos tu vida

ESPAÑOL	INGLÉS	FRANCÉS	ALEMÁN	ITALIANO
En (el año) 1492	In (the year) 1492	En (l'année) 1492	(Im Jahre) 1492 / In 1492	Nell'anno 1492 / In 1492
A los 15 años	At fifteen years old	À quinze ans	Mit fünfzehn Jahren	A quindici anni
Durante 10 años	For 10 years	Pendant 10 ans	Während 10 Jahre	Durante 10 anni
En agosto de 1492	In August 1492	En août 1492	Im August 1492	In agosto 1492
El 12 de octubre	On the 12th of October	Le 12 octobre	Der 12. Oktober	il 12 ottobre
Unos días después / más tarde	Some days later	Quelques jours après / tard	Einige Tage später	Qualche giorno dopo / più tardi
Entonces	Then	Alors	Dann	Allora
Al año siguiente	The following year	L'année suivante	Das folgende Jahr	L'anno seguente
Hace un mes / tres días	One month / three days ago	Il y a un mois / trois jours	Vor einem Monat / drei Tage	Un mese / tre giorni fa
La semana pasada	Last week	La semaine dernière	Vorige Woche	La scorsa settimana
El mes / el año / el verano pasado	Last month / year / summer	Le mois / l'an / l'été dernier	Der letzte Monat / Letztes Jahr / Der letzte Sommer	Il mese / l'anno / l'estate scorso/a

Lección 4. ¿Quién es el sospechoso?

EXPRESAR CAUSA

ESPAÑOL	INGLÉS	FRANCÉS	ALEMÁN	ITALIANO
… porque me dolía	… because it hurted me	… parce que j'avais mal	… weil es mir weh tat	… perché mi doleva
… pues siempre lo hago	… since I always do	… car je le fais toujours	… denn ich tue es immer	… perché lo faccio sempre

ESPAÑOL	INGLÉS	FRANCÉS	ALEMÁN	ITALIANO
… ya que está muy mal	… as he is very hard up	… car il est fauché	… denn er ist sehr schlecht (bei Kasse)	… poiché sta molto male (di soldi)
Como el marqués quería…	As (since) the marquess wanted…	Comme le marquis voulait…	Da der Marquis wollte	Siccomme (poiché) il marchese voleva…

EXPRESAR CONSECUENCIA

ESPAÑOL	INGLÉS	FRANCÉS	ALEMÁN	ITALIANO
Por (lo) tanto creo que…	Therefore I think that…	Donc je crois que…	Also glaube ich, daß…	Per tanto credo che…
Por eso pienso que…	That's why I think that…	C'est pour ça que je pense que…	Deshalb denke ich, daß…	Perciò penso che
… así que llamé	… so I called	… donc j'ai téléphoné	… so rufte ich an	… cosicché ho telefonato

Lección 5. Mañana será otro día

ESPAÑOL	INGLÉS	FRANCÉS	ALEMÁN	ITALIANO
El tren procedente de…	The train from…	Le train en provenance de	Der Zug von…	Il treno proveniente da…
Hará su entrada en el andén	Will be arriving at platform	Entrera en gare	Hält Einfahrt auf Gleis	Arriva sul binario
El vuelo con destino a…	The flight to…	Le vol à destination de…	Der Flug nach…	Il volo a destinazione di…
Pasen por la puerta de embarque	Go through the departure gate	Rendez-vous à la porte de embarquement	Bitte gehen Sie zu Boarding Gate	Dirigetevi alla porta d'imbarco
Pueden subir al avión	You can get on the plane	Vous pouvez monter dans l'avion	Sie können in das Flugzeug einsteigen	Possono salire sull'aereo
Viajaremos en autocar	We'll travel by coach	Nous voyagerons en autocar	Wir werden mit dem Bus reisen	Viaggeremo con l'autopullman
Abróchense los cinturones	Fasten your belts	Attachez vos ceintures	Legen Sie die Gurte an	Allacciate le cinture
A lo mejor el avión llegará con retraso	The plane might arrive late	Peut-être l'avion arrivera en retard	Vielleicht kommt das Flugzeug mit Verspätung an	Forse l'aereo arriverà in ritardo
No pongan las maletas en el pasillo	Don't put the suitcases in the aisle	Ne mettez pas les valises dans le couloir	Stellen Sie nicht die Koffer im Gang	Non mettete le valigie nel corridoio

Lección 6. Estamos viendo fútbol

ESPAÑOL	INGLÉS	FRANCÉS	ALEMÁN	ITALIANO
Estar fuera de juego	To be offside	Être hors-jeu	Abseits sein	Essere in fuori gioco
Marcar / meter un gol	To score / To kick a goal	Marquer un but	Ein Tor schießen / einen Treffer erzielen	Fare un gol / segnare un gol
Regatear al contrario	To dribble past the opponent	Dribbler l'adversaire	Den Gegenspieler umspielen	Dribblare l'avversario
Pitar una falta	To give / To award a foul	Siffler une faute	Ein Foul pfeifen	Fischiare un fallo
Lanzar un penalti	To take a penalty	Tirer un penalty	Einen Elfmeter schießen	Tirare un calcio di rigore
Empatar a dos	To tie two-two	Faire deux partout	Zwei zu zwei unentschieden spielen	Pareggiare due a due
Despejar el balón	To clear the ball	Dégager le ballon	Den Ball wegschlagen	Liberare il pallone
Saque de esquina	Corner kick, corner	Corner	Eckstoß	Calcio d'angolo, corner
Saque de banda	Throw-in	Touche, remise en jeu	Einwurf	Rimessa laterale
Ser un aficionado	To be a supporter / a fan	Être un supporter	Ein Anhänger sein	Essere un tifoso

Lección 7. ¿Se puede ir sin cinturón?

ESPAÑOL	INGLÉS	FRANCÉS	ALEMÁN	ITALIANO
Disculpe. ¿Puede / Podría abrir la ventana?	Excuse me. Can / Could you open the window?	Excusez-moi. Pouvez / Pourriez-vous ouvrir la fenêtre?	Entschuldigung. Können / Könnten Sie das Fenster öffnen?	Scusatemi. Può / Potrebbe aprire la finestra?
¿Puedo / Podemos coger otro pastel?	May I / we have another cake?	Peux-je / Pouvons-nous prendre un autre gâteau	Darf ich / Dürfen wir noch einen Kuchen haben?	Posso / Potremmo prendere un altro pasticcino?
¿Se puede comer aquí dentro?	May you eat in here?	Peut-on manger ici dedans	Darf man hierin essen?	Si può mangiare qui dentro?
¿Me permite?	May I?	Vous permettez?	Darf ich bitte?	Voi permettete? / Permesso?
¿Está libre este asiento?	Is this seat free?	Cette place est-elle libre?	Ist das Platz frei?	È libero questo posto?
Está prohibido fumar	You can't smoke	Il est interdit de fumer	Rauchen ist verboten	È vietato fumare
Dejar de paso	To drop off on the way	Laisser en passant	Absetzen	Dare un passaggio

ESPAÑOL	INGLÉS	FRANCÉS	ALEMÁN	ITALIANO
Lección 8. ¿Por qué no vamos al cine?				
¿Qué tal si...?	What if...?	Et si...?	Was wenn...?	E se...?
¿Y si vamos?	How about us going?	Et si on y allait?	Wie wär's, wenn wir gingen?	E se andassimo?
¿Por qué no vamos...?	Why don't we go...?	Pourquoi n'allons-nous pas...?	Warum gehen wir nicht...?	Perché non andiamo...?
¿Quieres que vayamos...?	Do you want us to go...?	Veux-tu que nous allions...?	Möchtest du, daß wir gehen...?	Vuoi che andiamo...?
¿Te apetece ir?	Do you feel like going?	As-tu envie d'y aller?	Hast du Lust, zu gehen	Hai voglia di andarci?
¿Quedamos a las ocho?	Do we meet at eight o'clock?	On se rencontre à huit heures?	Treffen wir uns um acht Uhr?	Ci incontriamo alle otto?
Me gustaría ir	I'd like going	J'aimarais y aller	Ich möchte gehen	Mi piacerebbe andarci
Prefiero ir	I'd rather go	Je préfère y aller	Ich möchte lieber gehen	Preferisco andarci
Hacer cola	To queue	Faire la queue	Schlange stehen	Fare la coda
Vale, tú ganas	All right, you win	D'accord, tu gagnes	Einverstanden, du hast gewonnen	Va bene, hai vinto tu
¿A qué hora quedamos?	What time shall we meet?	On se rencontre à quelle heure?	Um wieviel Uhr treffen wir uns?	A che ora ci incontriamo?
¿Dónde quedamos?	Where shall we meet?	Où nous retrouvons-nous?	Wo treffen wir uns?	Dove ci incontriamo?
Lo que quieras	What you like	Ce que tu voudras	Was du willst	Quello che vuoi
Sesión de tarde	Evening performance	Séance de soir	Nachmittagsvorstellung	Spettacolo pomeridiano
Sesión de noche	Late evening performance	Séance de nuit	Abendvorstellung	Spettacolo serale
Sesión de madrugada	Late night performance	Séance de nuit	Nachtvorstellung	Spettacolo notturno
Sesión sin numerar	Unnumbered session	Séance non numérotée	Vorstellung ohne nummerierte Plätze	Spettacolo a posti liberi
Versión original	Non dubbed version (movie in its original language)	Version originale	Originalfassung	Versione originale
Versión doblada	Dubbed version	Version doublée	Synchronisierte Fassung	Versione doppiata